いざという時に結果を出す

本番力

和田裕美

ポプラ社

いざという時に結果を出す本番力　もくじ

はじめに……8

序章

人に会わないときこそ「本番力」が必要なわけ

第１章

本番力だけがあなたを変えることができる

日本人は本番に弱い民族？……30
人前で緊張してしまう原因……32
理由がわかれば攻略するだけ……34
「和田裕美さんって運がいいよね」という言葉の意味……36
「運」の正体こそ、本番力なのか？……37
本番力を身につけるふたつの側面……38
深呼吸をちゃんとくせにする……43
呼吸法は発声トレーニング……46
本番力に強くなる圧倒的な「本番数」……48

第2章

あなたの本番はどこにある？

そもそも緊張ってなんで大事なの？……60
こんなところに「本番力」……62
とにかく「手をあげる人」になると決める……64
手をあげる人になるメリット……68
えらい人から「どう思う？」といきなり聞かれたシーン……69
人前で話すという本番を仕込む……70
初アウェイ体験という本番を仕込む……72
普段はいかないオフ会に顔出しする……73
あえて、本番に挑む……75
発表会を決めてしまう……76
「声がけ」でも本番仕込み……80

毎日がオーディション……84
本番なんかこわくない！　自分を作る方法とは？……85
緊張が不安と恐怖にならない方法……86
緊張をとるための「心の整え方」……88
緊張をとるための「前向きな質問」……90
緊張をとるための「視野のきりかえ」……91
緊張をとるための「体感アプローチ」……94

第3章

本番力を身につけるための日々の習慣

「本番をつくる」のは難しい!?……100
コミットメントの力で、7キロ痩せた！……101
コミットメントの効果……103
「どんな自分でありたいか？」という一貫性の法則……104
「恥をかきたくない」という不安が燃料……106
鏡を置きまくる……108

あなたの初期設定を変えてしまう……112
あなたの「本番ルーティン」をつくる……115
本番ルーティンをつくってみよう……116
無意識の動作が脳とリンクしていく！……122
変な「ものまね癖」のおかげで……126
背筋を伸ばすと勇気がわく……128
自分のことより相手のことを考える……130
つまらなそうな態度が普通という世の中……132
反応などまったく期待をしなくていい……134
メタ認知を利用してメンタルトレーニング……136
シミュレーションは一回じゃない……139
役者さんもセリフは丸暗記から……141
元気の出る声をかけてる？……143
出だしの言い訳は理屈っぽい人に思われる……145
自分の名前をはっきり言うだけでも効果大！……146
本番で失敗しても……148
「本番」から逃げない自分になるための石（意志）やります石……149

第4章

本番を成功させるための10の鉄則

01 自然体でやらない……155
02 「アガっている」ではなく「アゲている」と考える……159
03 コンプレックスがあってよかったと思う……163
04 うまく話そうとしない……166
05 プレッシャーがあってよかったと思う……169
06 本番までにやれることはやっておく……172
07 結果主義者になる……176
08 感謝でスタートを切る……180
09 練習と準備で自信を得る……184
10 自分は運がいいと思い込む……188

第5章

いざ本番で、本番力を発揮する9の鉄則

01 最初の5分と最後の5分だけ集中する……195
02 他人の緊張は誰もわからない……199
03 アドリブはタイミングである……202
04 サポーターを探す……205
05 話の組み立ては家を建てるイメージで……208
06 イメージを言葉にする……213
07 自分と相手では言葉の定義が違うことを理解する……219
08 相手はあなたの話を知らない……222
09 自分だけの呪文をつくる……225

終わりに……228

はじめに

「なんであんなに練習したのに、本番ではうまくいかないんだ……」と、嘆いたことはありませんか?

わたしにはたくさんそんな経験があります。勉強したのに本番の試験では頭が真っ白になった。毎日毎日必死で練習したのに試合ではサーブをネットにかけてしまう。気合を入れたのに本番の就職試験の面接で緊張しすぎて泣いて不採用。

そんなわたしの隣で、夜中までゲームをしていた友人が高得点を取り、まあまあどっこいどっこいの実力だった子が奇跡のスーパープレーをし、ぱっとしなかった雰囲気の人が面接のときは質問にスラスラ答えて採用されるという、自分にとっては、「なんで、なんで、なんで」と最強理不尽なことが起こって、わたしの自尊心はもはや粉々どころか、蒸発してなくなっていきました。

さらに、ひたすら積み上がっていく〝本番痛恨のミス〟たちは、どんどんわたしの心に住み着いてトラウマと呼ばれるものとなり、ついには「わたしは本番に弱いから」と自らレッテルをはってしまう始末。

こんなわたしが、あるときから、1万人の前でも堂々と話せるようになり、いきなり「スピーチお願い」と頼まれても、物怖じせず言葉を発することができ、なにより、ありとあらゆるところで、自分でも「信じられない」とマジにびっくりしているくらいに、奇跡的に本番だけはうまくいくようになっていったのです。

結論から言うと、本番にさえ強くなれば、能力以上の成果を手にできる。
努力が120％報われる。
圧倒的に評価が上がる。
信用を勝ち取ることができる。
チャンスをつかめる。

つまりは、夢が叶う、お金が手に入る、モテちゃうということにも繋がっていくのです。これって、仮面ライダーや超人ハルクみたいに、戦うときだけ超人パワーを発揮できる、普段とは違う自分に変身できるということです。

逆に、以前のわたしのように本番に弱い人は、どんなに練習してもオーディションで失敗したり、しっかり勉強しても試験で落ちてしまったりと、人生を左右する大事な局面で、大きな墓穴を掘っているのです。

それはとても悔しい。ものすごく辛い。

あの人生の分かれ道のあの瞬間に、本番で力を発揮する能力、つまり「本番力」があれば、自分はぜんぜん違うもう一つの人生を歩んでいたのではないだろうか？　そう思うとこれからの人生において、なにがなんでも挽回したくなりませんか？

わたしは、20代で外資系教育企業でセールスを経験し、世界142カ国（実際に世界に何人のセールスがいたか定かではないのですが、アメリカ全州も含まれると思うので、100万人くらいいたのではないかと思います）で第2位の成績を収めることができました。

よく考えてみたら東の端にある小さな国の女性が2位になるなんて、奇跡に近いことじゃないかと思うのですが、やっぱりこれは現実で、わたしはこの〝たった一回の大成果〟のおかげで本を出すことができ、今でも「世界2位」という肩書きのおかげで食べていけるわけです。

なんて調子のいい生き方なのだろう。

そう、人からみれば〝いたって普通〟で、どちらかというと消極的だったわたしが人より目立つところで仕事をしているのだから、わたしよりももっともっと努力をして、こと営業の世界ではわたしよりもうんと成績の良かった人からみれば、わたしって超ムカつく女かもしれません。

しかし、もっとムカつく人になってしまうことをいうと、本番力の威力はこれくらいじゃありません。

わたしが『世界NO.2セールスウーマンの「売れる営業」に変わる本』(ダイヤモンド社)を出版したのはもう15年ほど前になるのですが、当時、わたしは起業したてでした。でも、この本があっという間にベストセラーになったとき、なんの苦労もなく講演依頼が殺到し、あっという間に年商が1億5千万円ほどになったのです。

そのまま今も多少のアップダウンはあれど、会社は一度も赤字になったことなく地道に続いていています。そして、いつのまにか講演も2000本を超えました。出した本は63冊となりました。

結果だけをみたらわたしがスーパーウーマンみたいなんですが、本人は普段の自分が情けないほど弱気で、引っ込み思案でけっこうダメなところがあるのを知っているので、本来の実力から考えると、この結果は作り物の小説みたいに思えるのです。

でも事実なんですよね。

すべては、わたしが、そのときだけ「ハルク化」できた結果です。

やっぱ調子いいですよね（笑）。でも世の中の多くの成功している人はけっこうこの能力を使っているんです。実際の普段のその人たちとは懸け離れた結果をだしてチャンスを摑んでいるのです。


もし、あなたが本番に強いか弱いかでこれほどの差になってしまうのか！　と驚いたり、悔しがったり、和田裕美やその他本番だけに強い人たちをみてムカつくぅと歯ぎしりしているのならば、「本番力」を身につけてください。

本当にがんばってやってきた人が報われないのは嫌なんです。

スポットライトが当たってなかったあなたの本当の力が、このままずっと埋もれたままなのはやっぱり耐えきれないのです。

和田裕美

序章

人に会わないときこそ「本番力」が必要なわけ

人に会わないときこそ「本番力」が必要なわけ

最近リモートワークの増加によって、直接人と会う機会が少なくなった人もいるかと思います。であれば、コミュニケーション能力がなくてもやっていけそうだし、人前で話す度胸も会議でプレゼンする勇気も今のところは必要ないのでは？

いやいや、そうでもないのです。実はその逆で人に会わないときだからこそ、さらにそれらの能力が必要になっているのです！

と言うと、「え、なんで？」と思う人がいるかもしれません。はい、実はわたしも正直に言うと最初は同じように思い、コロナの問題が勃発する前に書き始めたこの原稿を目の前にして、「これは大幅に書き直したほうがいい？　それとも落ち着いてから出版がいい？」などと真剣に悩んだのです。

しかし、悩む時間はそんなに長くありませんでした。というのもその後からあっという間に自分の会社もリモートとなり、オンラインでの講演、セミナー、打ち合わせ、取材などが毎日のように繰り広げられるようになったことで、あることを確信したからです。「ああ、今だからこそ、本番力ってなおさらに必要なんだ」と。

オンラインとはいえ実は意外にもこの関わり方は、かなり対面の要素を含んでいます。思った以上に距離が近かったり、画面上に個人がクローズアップされてしまうので、実は対面よりも個人が「目立つ」わけです。

さらに言うと「ネットだからいいや」「家にいるからいいや」と、ついつい緩んでしまう人が増えているので、「できる人」と「できない人」の差がとても顕著に見えてしまう。

つまり、もはや顔を出さない匿名でもいい今までのネットの扱いとは、まったく違うものとなっているのです。

だから、人前で話す勇気も堂々とした態度も必要。ここぞというときの本番力は今だからこそ求められるのです。

この時期を大きなチャンスに変えて、今まで以上に自分を磨いてみたいですか?

であれば、今はちょっとした工夫と勇気で今までの自分を変える滅多にない機会となるはずです。

今こそ、あなただけの本番力を磨いてほしい。人との差がつくのは今、どれだけ努力したかにかかっています。

今「本番力」を見つけることのメリットはこんなにある！

本書を読み進めてもらうと、「自分から手をあげる」「自分で本番をつくる」など、能動的な行動をとるように促していることがわかると思います。

誰かに動かされるのではなく、自分から動くことによって、よりポジティブなマインドになり自信がついてくるからです。

そしてこの「能動的に動く」という姿勢は、今のような不安がいっぱいある環境においては、より一層必要とされることなのです。

受け身になって消極的な動きになると不安に飲み込まれて溺れそうになります。能動的になって自発的に動けるようになると、不安の波にさえ乗ることができ結果を出せる人になれます。本番力を身につけることで根っこから強くなれる、折れない心を持つことができるのです。

Zoomで差をつけて「この人すごい」になる方法

Ｚｏｏｍをやったことがある人はわかると思いますが、まだやっていない方に説明しておきます。これはパソコンかスマホのカメラで、顔を写し、一人一人の顔が四角いモニターにずら～っと並んでお互いがお互いの顔を見ながら会話するというものです。

もちろん顔を出したくない人はカメラをオフにできます。その場合は、画面が消え真っ黒になり名前だけが表示されます。名前も匿名にしたい場合はそのように変更も可能。

さて、会社の会議であれば、後ろのほうに座って上司と目が合わないようにしていればよかったかもしれませんが、Ｚｏｏｍの場合はそうはいきません。全員の顔がパソコン画面いっぱいにずらっと並んでしまうからです。それも新入社員であろうと役職者であろうと同じように並ぶので、とても比較されやすいのです。

つまりはリアルな会議より顔を見られることになります。もちろん複数の場合は相手が誰を見ているかはわからないので、目の前に上司がいるよりも緊張が少ないかもしれませんが、いつ「田中さん、どう思う？」のように突然ふられるかわからないのです。

そして、だらしない座り方をしたり、下を向いているとかなり印象が悪くなります。家だからいいやと気を緩めると、きちんと座ってうんうんと誰かの話にしっかりと反応している人がとにかく他の人の何倍も好感度があがり、仕事ができそうに見えます。むすっとしているのも目立つし、スマホを見るのなら、「スマホでメモをとっています」と事前に言っておかないと、すごく聞く態度の悪い社員と思われます。

このように各個人が目立ってしまうからこそ、余計に積極的に手をあげて発言するほうが前向きなイメージを持ってもらえるし、そもそも他の人と「同じ階層」で顔出ししているので、手をあげる人とそうでない人は並んで比較されてしまいます。周りに人がいなくても手をたたき、うなずき、笑ったりして、できる限りのリアクションをすること。こういう動きのある表現も本番力のひとつです。

さらに、声が聞こえにくい場合は致命的で、なにを言っているのか伝わりません。ちいさな声はやる気がなさそうに思われます。

対面であれば、立体的な表現（体の微妙な動き）でカバーできたことが、平面になったとたん欠点として露骨に出てしまいます。だからこそこのオンラインという機会を利用して、今まで以上に発言し、ちいさな声の人はあと少しだけ声のボリュームをあげることが必要になります。より伝わる動きを意識してやってみてください。

「だったら、顔出ししなきゃいいじゃん？」と思う人もいるかもしれません。

ただ、普通のセミナーを受講するとき、お面を被っていくわけじゃないですよね？ 隣の人と会釈したり、ときにはロールプレイングもしますよね。だからできるだけ、「これがリアルのシーンだったら」と想像して同じように行動することが、自分のスキルを磨くことに繋がります。

そうでないと家にいる時間が長くなればなるほど、コミュニケーションの取り方がわからなくなって、どんどん人前に出るのが怖くなり苦手意識をもつようになってしまいます。そうなると、社会がもとに戻ったときに今まで以上に人前で緊張してしまうことに。

そうなるともっと自信がなくなってしまいます。

今はだからこそ、**一歩前に出るときなのです！**


この序章は、コロナ禍のもと、最後に書いています。そんな中、さまざまなメディアから「オンラインでの打ち合わせやプレゼン」をテーマにした原稿のオファーがありました。その中で、雑誌「ＤＩＭＥ」（小学館）に掲載した原稿を少し直したものを最後に載せたいと思います。より具体的なので参考になるかと思います。

Zoomでリアクションできない人は仕事をサボっていると思われやすい？

テレワークを採用する企業が増えて、自宅からリモートで会議に参加したり打ち合わせしたりする機会も多くなったかと思います。

そうなると周囲に人がいない、画面上の向こう側と距離があるという環境になるので、目の前にリアルに人がいないぶん相手の気配もわからないし、空気を読む必要もないので、そんなにコミュニケーション力いらないんじゃないか……と思っていたりしませんか？

たしかに、空気を読みにくいと思われるかもしれません。表情がわかりにくく、声も聞き取りにくいですから。しかし……、そうでもないんですよね。

わたしはこの1カ月間、毎日のようにマンツーマンから100名規模までオンラインでコミュニケーションをとってきましたが、**実際に会うより2倍ほど疲れる**のです。

なぜかというと、**画面を通して相手に思いを伝えるためには、画面越しだと伝わり**

づらい微妙な動作を通常より大げさにしており、声もいつもより張っているのです。

そう、オンラインってコミュニケーション力が、むちゃくちゃ必要なんですよ。人間の五感は視覚・聴覚・触覚・味覚・嗅覚ですが、対面だと（そのバランスは人それぞれだけど）ほぼそのすべてを使っているのです。でも画面上だと視覚と聴覚だけでコミュニケーションするわけですよね？　つまり画面の顔と声に意識がより集中するってことだから、このふたつの感覚がフル活動するのです。

もちろん伝える側だけじゃなく「聞いている受け側」も顔面と声によるリアクションがやはり2倍ほど目立ちます。聞き上手でうなずいている感じがよりわかりやすい人のほうが好感度は上がります。普段からリアクションの薄い人はさらに反応が相手にわかりにくいので、「あの人話聞いてないしやる気なさそう」と思われがちです。だから反応がいい人はさらに好感度があがるし、そうじゃない人はさらに比較されて好感度が下がるのです。

それにリモートワークって自宅にいるわけですから、上司から「ちゃんとやっているのか？」と疑いをかけられることがあるのを忘れてはいけません。

一所懸命にパソコンの前に居座ろうとする猫を制しながら勤務時間通りかなり集中して仕事をしていても、いざ会議のときに反応が悪くて「やる気なさそう」と思われたり、トイレに行ったときにたまたま電話に出られないというだけでも、「やっぱりサボっているのでは？」と疑われてしまう可能性もある。

ちなみにこれはとある会社の人から聞いた実話なのです！

いや、わたしはここで猫と戯れて昼間からだらだらしてしまっていても、会議のときだけ反応よくしろとは言ってないのです。ただ、なによりも一生懸命に仕事をしているあなたが、ちょっとコミュニケーション力が足りないだけでそういう疑惑を持たれるのはなんだか残念だと思う、評価を下げるのはもったいないと言いたいのです。

だから、やっぱりここは自分の空気をいかに好感度の高いものにするか？　を考えてみましょう！

たとえば、皆さん人気 YouTuber の動画を見ているとわかると思うんですが、彼らの多くがやや大げさにテンポよく抑揚たっぷりに話していませんか？

あれ、日常の対面のシーンでもあのテンションじゃないと思うのです。画面の向こうの人にもっと伝えたいという思いがあるから、オーバーアクションになってしまうのです。媚びを売っていると言われようが好かれたほうが得なので割り切ってください。その上で以下のことに気をつけましょう。

1 自分の顔を見る

今まで自分の表情やリアクションに意識を向けてなかった人は、「人からどう思われるか」など気にしてない人なのかなと思います。どんなに悪気がなかったとしても相手からは何を考えているかわかりにくいと思われる可能性があり、オンラインだとそれが増長されてしまいます。なので、ちょっと自分の顔に意識を向けてください。

それにオンラインだと、自分の顔も他の人の顔も並んで見えてしまいますよね？だから、自分と他人を比較して学べる絶好のチャンスなんです。画面を見ていて、自分だけ一人むすっとしていると思ったら、反応のよい他の人を真似てみるなどして密かにトレーニングをしてみましょう。

2　笑顔を多くする

人の脳には「顔面フィードバック仮説」と言われている、笑うとなんだか楽しくなるという説があります。笑っていると脳にシグナルが届いて「なんか笑っているし楽しいみたい！」と伝わりさらに楽しくなるのです。

笑うと自分の空気も明るくなるし、なんだか楽しくなるし、見ている人も笑顔になりやすいです。とくにオンラインでは笑顔がいちばんわかりやすい感情表現です。

3　フロント上半身力

つまり、オンラインで必要なコミュニケーション力は、まさに「フロント上半身力」と言えます。正直、下半身はまず見えない。もし後頭部にすごい寝癖があってもバレることはありません。

上半身、表面だけに意識を集中してください。

「熱心に聞いているアピール」は、パソコンのカメラにちょっと顔を近づけてみたり、驚いたときや感心したときにちょっと体を後ろに引いてみるなど「一人遠近法」によって効果が上がります。

また、オンラインのときに、モバイル型のノートパソコンだったりするとどうしても顔下からのアングルになりがち。そうすると見下した感じになって余計に態度が悪く見えます。そんなときはパソコンの下に本を積むなど高さ調整をして、目線が合うようにするとよいです。

……とここまで書きましたが、目の前の人のほうがぜんぜんリアクションない場合もあります。その場合相手が部下なら注意できるけど取引先、お客様、上司だと「もっとリアクションして」なんて言えないですよね？（笑）

だからまずは自分を変えることです。オンラインコミュニケーションは先手必勝です。

第1章

本番力だけがあなたを変えることができる

日本人は本番に弱い民族？

わたしは、23歳から30歳くらいまでシカゴに本社があり世界142カ国に支社がある外資系企業で働いていたのですが、そのトップに立つ人の多くは西洋人だったので、主にアメリカ、カナダ、イタリア、など西洋人と一緒に仕事をしていました。

国によって、またはそれぞれの性格や性別によって、細かなところまですべてをひとくくりにはできないのですが、あきらかに西洋人は日本人よりも「自分の意見を臆することなく言う」ことができました。彼らが会議でも堂々と反論ができたのに対して、日本人のわたしはいつも、「Maybe, I think so.....but」（日本語で言うなら、「まあ、たぶんそうですね……でもこれは」のようなすごく曖昧な言い方）と前置きしつつ、遠慮がちに意見を言ってしまうことが多く、会議でのプレゼンは圧倒的にイニシアチブをとられがちでした。

ずっと黙り込んでいた隣の日本人部長に、会議が終わってから「あれはどうかなと思ったよね」と言われると、なんであのとき援護射撃をしてくれなかったのかと不満に思うことも数知れず……。
それでも最初は「日本人は人前で意見を言うのは苦手だからな」と深く考えもしないまま諦めていたけれど、よくよく考えてみたら、これこそまさに「本番力」の弱さであって、国ごと負けているんじゃないかってこと。ちょっと悔しいですよね。

この文化的な背景を研究している心理学者のリチャード・E・ニスベットさんは、著書『木を見る西洋人　森を見る東洋人』（村本由紀子・訳　ダイヤモンド社）で、このような見解を述べています。

――多くの西洋人が、「人はそれぞれ他者とは違う個性を持っている。個人的な成功や達成を目標としている」「相手に権力があろうと、年齢が上であろうと、その前に個人が尊重される。誰かに対して平等とする」としているのに対して、多くの東洋人は、「集団目標や協調性を重んじ、調和的な社会生活を維持することが個人的な成功よりも優先される」「階層的な関係を重んじ年齢が高い人を敬う」ことを大事にしている。――

つまり、人前で意見を言うときに、「自分の意見が他と違うことに価値を置く」西洋人たちは、たとえそこで反論があっても、さほど気にせず討論に持ち込むことができますが、翻って東洋人は調和を乱さないように、反論をできるだけ避けて意見を飲み込んでしまう傾向があるということ。

「出る杭は打たれる」という言葉もまさにそこ。この言葉は西洋では文化的にあまりない表現だそうです（もちろん、一部の日本人も除いて）。

人前で緊張してしまう原因

スティーブ・ジョブズの演説がすばらしいのも、アメリカ人のＴＥＤトークがあきらかに日本人よりうまいのも、そもそもわたしたち日本人（東洋系の多く）とは人前で話すときの心理的土台がまるっきり違うからであり、最初から発射台が違うので真似しようがないのです。

アメリカ人のプレゼンを見て落ち込んでも仕方ないし、彼らのノウハウを聞いてもなかなかできないのは当たり前です。人種が違うと割り切って、日本人なりのやり方と理解で本番力を身につけていく必要があるのです。

もし、あなたが「人と意見が違っていて当たり前」という概念を持っていたら、人前で意見を言うとき、もっと自由に言えるはずです。あなたが意見を言うことに躊躇してしまうのは、もちろん「嫌われたくない」という意識からですが、その根っこにあるのは「調和を大切にしたい」という文化が流れているからです。

わたしたちの会議は多くの場合、参加者すべての人と調和をはかり、目上の人の意見を尊重しつつ話さないといけないという条件付きなのです。だから、とにかく意見を言う時に緊張するのです。

あなたが自分の意見に自信がなく、人前で意見を言うことを苦手とし、会議中に黙ってしまうのは、あなたが日本人だからです。

自分のせいにしないでください。あなただけの問題ではないのです。

理由がわかれば攻略するだけ

「日本の学生は手をあげて質問をしない」と海外経験のある教授に言われたことがあります。さらにアメリカ人の女性の友人にも、「日本の男性ってシャイ過ぎる。なにを考えているかわからないの、どうしたらいい？」と聞かれ、「わたしもわからない」と笑って話したことがあります。

それも、よく考えたら、そもそもアメリカ人の男性、ましてやイタリア人の男性と比べたらすごくかわいそうなことだったのです。

そもそもが、根っこに流れる文化的な価値観が違うのです。

前述のリチャード・E・ニスベットさんは、このように言っています。

「西洋人は東洋人に比べて自分を高く評価したり、他者から高く評価されたりすることに関心が高い」

「アメリカ人が自分について好意的にコメントする傾向は、日本人よりもはるかに高い」

「アジアの文化は他者より秀でていることや個性的であることよりも、人と人との支えあいのなかで調和を維持することや集団の目標を達成するために何らかの役割を果たすことである。こうした目的のためにはある程度の『自己批判』すなわち自慢とは正反対の姿勢が必要である」

わたしたち日本人は、もともと自己主張して前に出ることよりも謙虚でいることに対して美徳を感じやすい民族なのです。だからこそ、もともと「本番力」が弱かったと言えるのです。

いや、同じ日本人でも堂々と意見を言える人がいるじゃないか？　と思いますよね。政治家なら「それが仕事」なので当たり前かと思います。しかし、前述のように謙虚さを美徳と考えてしまう傾向は、テレビで討論できる人などを見て、「でしゃばりな……」と嫌悪感を持ってしまう傾向が西洋よりも高いとも言えます。

つまりは、**前に出ることの価値が低いこと。前に出ている人を否定しやすい価値観**

を持っていること。それら両方でサンドイッチになっていることが、なによりもあなたが本番に弱いという大きな原因です。

そんななかで前に出て反論できる人などはとくに、「嫌われる勇気」があるということで、だからこそ本番に強いということになります。

さて、ここまで「なぜ本番に弱いのか？」という原因追求をしてきました。これは、原因、つまり正体が見えてくると、それはもはや得体の知れない恐怖ではなくなるので、むやみに緊張することがなくなってくるからです。理解するだけでも緊張って軽減されるのです。

「和田裕美さんって運がいいよね」という言葉の意味

「世界2位になってすごいのに、いったん会社が日本撤退で仕事がなくなっても、そのあとに本も出してそれがベストセラーになるってさ。なんかすごいよね。強運だよね」と、幾度となくいろんな人に言われてきました。

その度に「そう、運がいいんですよ〜」と笑顔で喜んで答えていたのですが、おい、ちょっと待てよ、なんで普段は、僕はスピリチュアルとかちょっとね……と怪訝《けげん》な顔して言っているような人がわたしの結果を「運」という言葉で片付けることを選び、決して「やっぱり実力があるんですね」と言わなかったのか？

……とずいぶんあとになって気づいたのですが、まあ、自分でも「実力」とは思ってないくらいなので、そう言った人たちは「なんでこの人が？」と、理解できないものを表現するためにこの「運」という言葉を使ったのだと思われます。

それにわたし自身も自分が出してきた結果に対して、「運がよかったんだ」と思っていたわけです。

「運」の正体こそ、本番力なのか？

けれど、本を何冊も書くことによって、いわゆるその「運」だと思い込んでいたことを言語化する必要性が出てきたわけです。それを紐解いていくと、たしかに寝転んでテレビを見て、ポテチを食べつつ世界2位になったわけじゃなく、女友達が結婚相手を探して合コンしているのを横目にしつつ、戦場のような男性中心のビジネス界を泳いでいたのは事実だし、そういう意味では人並み以上の努力をしており、その上で、人とは違う創意工夫もしており、「うん？　運だけじゃないよね？」と気づくようになったのです。

そもそも「ここぞというときの行動」がよい方向に向かうという〝大博打が当たる〟わけですから運のようなものに見えるのですが、厳密に言うと、運と本番力は根本的に一致しません。つまり、運だけじゃないリアルな方法があるからこそ、誰だって身につけることができるのです。

本番力を身につけるふたつの側面

人前だとかなり緊張してしまう人や極端に人に気を遣ってしまう人は本番に弱いで

す。まずはここの「壁」をとっぱらいましょう。

そのために必要なことは、「メンタル」と「フィジカル」つまりは心理的な側面と身体的な側面の両方からアプローチしていくことをおすすめします。しかし、このバランスは50：50ではなく、メンタル70：フィジカル30くらいがちょうどいいです。


たしかに、深呼吸をしたり体を動かしたりすることで、緊張がとれることは科学的にも立証されています。しかし、心が負けていると、なんど深呼吸してもダメなんです。理屈ではどうしようもないことがたくさんあるからです。

だから、まずは「心理的」な側面からやっつけます。


「心の声はどんな声？」

人前で話すときにやたらと緊張したり、会議で何か意見を言う時に勇気が出なくて何も言えなかったりしたときがありますか？　そのときの自分の心のなかを少し覗けますか？　あなたの心の声、なんと言っていましたか？

世界にクライアントがいる能力開発の専門家ゲイリー・ジョン・ビショップはその著作のなかでこう言っています。
「研究によると人間の頭には1日5万以上の考えが浮かぶそうだ。私たちはいつも頭のなかで『そんなの違う』とか『負けるもんか』とか言いながら生きている。頭の中に自動的に浮かんでくる思考にはほとんど無反応なのに、自分が重視する思考には過剰に反応する。何が重要で何が重要じゃないかは最初から決まっているわけじゃないのに！」（『あなたはあなたが使っている言葉でできている』高崎拓哉・訳　ディスカヴァー・トゥエンティワン）

まず、本番力を鍛えるために、無意識にあなたが使っている考えを意識的にどんどん前向きな言葉に変えていくことが最初のステップです。

たとえばあなたが今から、重要な会議でプレゼンをすることになっているとします。自分なりに一所懸命に作った資料がどう評価されるかわかりません。緊張しているところに、あなたの苦手な上司もあなたのプレゼンを聞きにくるという情報が今さっきはいりました。

さて、こんなとき、あなたの心にはどんな考えが広がっていますか?


意識してイメージしてみてください。

「失敗したらどうしよう」

「わたしは話すのが苦手だから」

「練習してない、どうしよう」

「反論されたらなんと言おう」

「やばい、こわい」

「本番に弱いからな……」

こんな考え、つまりは言葉がどんどん量産されてベルトコンベアーに並んで流れていくような心の状態かもしれません。それをずっと考えているのです。

どんどん恐怖がやってきてしまいます。

しかし顕在化された実際の言葉は、「よし、がんばろう」「うん、うん、だいじょうぶだ」なんて言い聞かせているかもしれません。深呼吸がいいと言われて深呼吸したり、フリスクを食べてシャキッとしようとしているかもしれません。

そんな努力もむなしく、心の声は開いたままの蛇口のようにドバドバと半端なく流れ続けているので、こっちのほうが大きくあなたの心に圧倒的な影響を与えているわけです。

今は意識してもらいましたが本当は無意識にあるので、気づいてない考えに支配されていることになります。

まず、だからこそ緊張がやってきたら自分に聞くのです。「今、何を考えている？」と。

無意識だった世界を意識する世界にもってくる作業をやると、緊張の原因が顕在化するので、わけのわからないパニック状態からは脱出できます。

「あ、今、『もうダメだ』って考えていたな。そうかダメと考えるからダメになることをイメージしてしまうんだ」

無意識の世界にコントロールされなくなるだけで、ちょっと自分が見えてきて心が安定してきます。

その上で意識的に、「じゃ、何を考えたらいいのか?」です。いやここからが深呼吸。マインドを整えたら、フィジカルで支えます。最初は交互で効果を最大に出していきます。

深呼吸をちゃんとくせにする

マインドを整えるだけでも十分に効果はあるのですが、心のなかで思ったことが表情や態度まで現れるには、ちょっとタイムラグがあります。内側からじわじわとやってくるからです。

寒い時にはあったかいものを飲んで温めることと、ストーブにあたって外側から温めることの両方をしたほうが、より早くあったかくなりますよね?

そんな感じで内側のマインドと同時にフィジカルなアプローチがあると、より本番パワーを発揮できるのです。

緊張するとと心臓がドキドキするのはカテコールアミンという物質が分泌されるからのようですが、これは心肺停止などの人を蘇生するときに使われる薬にも含まれる、心臓を活発に動かす物質です。アドレナリンもこの一種と言われており、緊張するとアドレナリンが出て心臓がドキドキするようです。

こんな「ドキドキ」はある程度は身体が「よしやるぞ！」と、戦闘モードに入った状態なので決してマイナスではないのですが、この「ドキドキ」が「ドキンドキン」となって、しまいには「バクバク」となってくると、今度は〝頭が真っ白になってしまう〟現象に陥ってしまうのです。

それでこの出すぎたアドレナリンをコントロールできるのが、誰でもできてお金もかからない「深呼吸」なのです。なんとすごい！

他にも身体を揺らすとか首や手首を緩めるとか、いろんな方法が推奨されていますが、もう基本は深呼吸、わたしの経験ではこれが最も効果があります。

そこで基本の腹式呼吸をまずは練習してください。

1　お腹に手を当てて鼻から空気を吸う
2　吸いながらお腹を膨らませてお腹に空気を意識的に入れる（4秒）
3　お腹を押さえて今入った空気を押し出すように口から息を吐く（7秒）

この呼吸をしながら、先ほどの前向きな言葉を意識的に心のなかで唱えるのです。

こうやって心（マインド）と身体（フィジカル）の両側面から前向きにしていきます。

腹式呼吸は集中力を高める効果や、メンタルを安定させ自律神経を整える効果もあるのです。こんなことはいろいろなところで言われていることなので「もう知っているわ〜」と思うかもしれませんが、知っていても腹式呼吸ができない人って案外多くないですか？

呼吸は生きていくために必要なもので、24時間365日生まれてから死ぬまで止まらずしているものですよね？　だからあなどれないのです。ここの毎秒ごとの行為が人生を左右させているのです。ちょっと本気になって腹式呼吸を練習してください。いや、〝すごく本気になって〟と言うほうがいいくらい重要です。

呼吸法は発声トレーニング

わたし、実は中学生のときに演劇部に所属しておりまして、徹底的に腹式呼吸をトレーニングしていたのです。マイクなしでも体育館の後ろまで届く声で話すのですから、声がお腹から出ていないと話にならないのです。

演技力の前に「声」。だから、あの頃は毎日腹式呼吸による発声練習をしていました。人見知りなのに演劇？　と思われるかもしれませんが、人と話せないからこそ

「台詞」を覚えることが何よりも楽だったからかと思います。その当時はそんな自分の意図みたいなものに、まったく気づいてなかったのですが……（笑）。とにかく、呼吸法を身につけて大きな声を出せるようになったことは、わたしの引っ込み思案な人生を変えていくきっかけになりました。

さらに実は数年前、自身のセミナーに生かす表現の仕組みを学ぶために、きちんとオーディションまで受けて劇団に潜入して、1年間学んだことがあるのです。呼吸や発声はここでもやはり重要でした。

これはのちに話しますが、わたしも自分の本番力が衰えないように今でも地道に日々トレーニングし続けています。

あと歳をとると「しわがれ声」になってしまうのは、年齢とともに声帯が衰えてしまうことが原因です。でもちゃんと日頃から腹式呼吸を心がけていると、声帯に負担のかかりやすい喉呼吸（胸式呼吸）を続けるよりずっと若い声を保つことができます。

本番力を鍛えることで声もずっと若い！　まさに一石二鳥です。

ここまでお話ししてきたことは「本番力」を発揮するための大事なステップですが、大事なことは本番力を普段から意識して身につけていくことですよね。

わたしは、20代の頃からつねに（本当につねに！）、ノルマとして課された数字や期限と本番をこなしながら生きてきたので、実は最近まで自分がラッキーにも結果を残せたのは、その厳しい環境に身を置いていたからだと思い込んでいたのですが……。自分でセミナーなどをやるようになってから、そうじゃなくても人は鍛えられるということがわかってきました。

あ、ほっとしましたよね？（笑）誰だって「成長したいなら、厳しい過酷な現場で働け！」と昭和っぽく言われても、誰も好き好んで自らそんな戦場に行きたくないですもんね。

厳しいと圧力がかかって、より必死になれるということはあります。しかし怖いから、厳しいからという動機付けの行動は、長く持たないし心が病んでしまうことにもなりかねません。

だから、安心してください。営業しろとも厳しくしろとも言いません。本番力を身につけるためには、まずは日常のちょっとした工夫からスタートできるのです。

人は「誰かの前で発表する機会」が「期限付き」であるときに、めんどうくさい気持ちも先延ばしも誘惑もすべてを超えて、圧倒的な集中力をもってそこに挑み、考えられないくらいの「実力」をつけることができます。

あるときからわたしは、セミナー中に「コミット」してもらったり、必ずプレゼンテーションをしてもらうようになりました。

プレゼンテーションをすれば、みなさん、期限までに陰練をして、今までパワーポイントを一度も使ったことのない人が本を買って自発的に自習してくるなど、あきらかに行動が変わります。

なんだ、これは……？

そう、今までやろうとしてなかったこと、今まで逃げてやっていなかったことを期限とコミットと発表がセットになると俄然《がぜん》やる、そしてめちゃくちゃなスピードで、別人くらいに変われるってこと。痩せて外見が変わっただけじゃないですよ。心が、話し方が、表情が、実力そのものが変わるのです。

当たり前のことを言って申し訳ないのですが、なにか習い事をしない限り、または営業や企画のようにプレゼンする場がとくに日常でない限り、日々のなかに期限とコミットと発表がある人は多くないはずです。裏方の人のほうが、社会には多くいるからです。

でも思い出してください。

ピアノを習っても、発表会がありましたよね？　スポーツをやっても試合があった。学校に行けば試験があった。そのときがんばった人ならわかるはず。精神的にも技術的にもかなりの成長がありましたよね？

世の中を見渡すと、トップに立ったり、結果を残している人は、自分を隠すことなく人前に出る機会が多い人ばかりです。また、最初はそうじゃなかったにしても、秀でた才能があって、人前に出る機会が後発的に増えた人もいますが、そんな人はさらに輝き新たな才能を伸ばしています。

しかし多くの日本人は、失敗を極端に恐れるし、恥をかくことを嫌います。だから実のところ、表に出て社会的に成功している人よりも、本当に本当に極端に本番という人前で挑戦することが少ないのです。

これこそが、結果（評価、収入なども含めて）の大きな格差になってしまうんです。

わたしは営業現場で育ってきたわけですが、そこでは日々断られるかもしれないという不安、失敗するかもしれない恐怖を抱えながらも果敢に毎日人と向き合うわけで、緊張の連続でした。しかも、営業というのはこの回数を増やさないといけないのです。

そのプレッシャーから逃げ出す人も多いですが、ここでふんばった人は確実に伸びます、かなりのすごいスピードで。


今日も人に会う。

明日も人に会う。

そしてプレゼンをする。

そこには結果がつきまとう。


こんな生活を送っていると、人っていまの自分を超えていけるんです。

人は、なによりも恥をかく可能性、失敗をする可能性を普通は避けたいからです。

そこで身だしなみを整えたりプレゼンの練習を自発的にしたりすると、おのずと伸びます。ここに本番の連続があるからです。

あなたにも思い当たることはありませんか？「痩せたい」とただ思いながら、誰にも言わず陰でダイエットして失敗したことが。けれど、公の場で「半年以内に10キロ痩せます。痩せなかったら○○（大好きなもの）をやめます！」とコミットする人は前者よりも成功率が高い。

本番を持たない人は、本番が日常的に多い人よりもあきらかに（本当にあきらかに）、目標を達成することが少ないのです。日常で自ら本番を持つことは、ちょっとした勇気を持つことから始まります。手をあげて発言する。なんらかのプレゼン発表をするなどの「本番」的なものが加わって、緊張感が増し大きく成長できるのです。

もちろん何もしない人よりはかなり成長できます。しかし、「本番力」を使っていないと、「ちょっと知っている」という意識が高くなっただけで終わり、実生活においての達成や夢の実現が手に入るわけじゃないのです。

「本番力」が欠けているままに知識を増やしてしまうと、頭でっかちになって余計に行動できなくなってしまう人がいます。それはせっかく内側に溜め込んだ知識や情報が日の目を浴びることがなくそれ以上に磨かれてない状態です。イライラしやすくなったりすることもあるのですが、それは内側に溜めたものを発散できないフラストレーションがあるからです。

自分をもっと磨きたいのなら重い腰を上げていざ「本番」へ！　緊張するシーン、プレッシャーのある期限などがあるからこそ人は内側に溜めたエネルギーをドカンと発散できるのです。

だから本番を多く持てるようになると嘘みたいですが自分が楽になれるのです。どんどん解放されて本当の自分らしく変われるのです。

1章まとめ

- あなたが本番に弱いのは日本人の民族性が大きな原因
↓つまりあなた自身のせいだけではない。
- 本番力は誰でも身につけられる。
- 本番に対するメンタルとフィジカルの壁を取っ払うことが大事。
メンタルの壁……無意識に浮かぶネガティブなイメージを
意識的に前向きな言葉に変える
↓緊張の原因が顕在化するのでパニック状態から脱出できる
フィジカルの壁：深呼吸をくせにする
↓出過ぎたアドレナリンをコントロールする効果あり
- 大事なことは、本番力を普段から身につけること！

日々の生活を本番の連続にすることで、圧倒的な本番力が身につく

第2章

あなたの本番はどこにある？

本番とはなんなのか？

おおまかにいうと……、

✓人前に出る
✓アウェイである
✓期日が決まっている

などの要素が入っていることにより、失敗して恥をかく可能性がある緊張とプレッシャーがともに押し寄せる瞬間です。

具体的には、試合や試験のようにその瞬間に最大限の力を発揮しなくてはいけないシーンや、プレゼンやオーディションなど人前でパフォーマンスすることなどです。

こんな本番が多ければ多いほど、成長でき人生における最大の成果を出せるようになると第1章でお話ししましたが、それはつまり、「日常に発表会もオーディションも人前で話すこともない」という人は、自己成長度合いが低くなってしまうということとになります。

また、もっと怖いことをいうと本番を持たないことは自己成長できないだけでなくなかなか痩せない、集中力がない、意欲がわかないなどの新たな悪循環を生み出してしまう可能性もあるのです！

なぜなら本番のない生活は緊張しない生活だからです。もっとどんどん緊張するシーンを作っていかないと、体も精神もだらだらとゆるみっぱなしになってしまい、

仕事を辞めたらとたんに太った。

表に出る機会がなくなったらいっきに老けた。

慣れたことばかりして成長できてない。

……なんていうことが起こります。

楽なことはいいことなのですが、楽すぎるとだれるのです。

「えっ、それはわたしのことじゃないか！」と思った方がもしいたら、いまこそ大きく変われるチャンスかもしれません。なぜって本番さえあればぜったいに変われるか

らです。

はい、なので**ここはあえて自分で本番をつくる必要がある**のです！

そもそも緊張ってなんで大事なの？

講演前に「ああ、緊張する」と舞台袖でわたしがいうと、周囲の人が「そうなんですか？」「ぜんぜんそんなことないでしょう。慣れているし」「見えないですよ」とぜんぜん信じてくれません。

それはわたしが緊張をとるためにやたら意識的に笑顔になって深く深呼吸していたりするのでかえって落ち着いて見えるからかもしれませんが、緊張マックスでばくばくの内心では「かならず終わる。90分で終わることなんだ。それは人生の一瞬だ」と思っていたりするのです。

その上でわたしは「ああ、この緊張があるからこそいい講演ができるんだ」と、同時に緊張することを大事に思っています。

タモリさんも以前、「緊張しないコツ」を聞かれ「コツなんかない」と即答し、「緊張できることをやらせてもらっていることを、幸せだと思うことだよ」と言っていたそうですし、イチローさんも「緊張しない人はダメだ」と言っています。

実は極度に緊張したほうが、能力を最大限に発揮できるという心理学の実験結果があるくらいです。まさに〝緊張ウエルカム〟です。

ちなみに緊張すると身体にどんな反応が起こっているかというと、ノルアドレナリンという物質が分泌されているそうです。ノルアドレナリンが出ると脳が研ぎ澄まされて集中力が高まり判断力も高まります、もちろん過剰に分泌されると「不安」になるので、適度な緊張がベストコンディションを作るということになります。さらに身体能力を高める作用もあるのでスポーツの試合などには、なおさらに緊張が必要なのです。

また、未来に本番が用意されていることによって、そのゴールまでは日常のなかに適度な緊張感が流れているので、毎日の行動も結果につながるものとなります。

たとえば、結婚式という本番が未来に期日設定されていれば、今まで一度も成功しなかったダイエットができた、試験という本番が決まっていれば、誘惑に流されないでいつもの何倍も集中して勉強できた、などなどです。

これらすべてが本番がもたらした緊張の成果なのです。緊張は大いに利用すべきなのです。

とはいえ、過度の緊張でノルアドレナリンの分泌が過剰になってしまうと、緊張が不安、恐怖へと変化してしまうそうです。

こうなるとちょっと緊張をとる方法も必要になってきます。それはのちほど説明しますね。

こんなところに「本番力」

自分の本番プロデュース力を磨け！　ということで、緊張を使って気分を高めるために、あえて自分の本番をプロデュースしてみることをお勧めします。

これはやっぱりすごい効果があって、あっという間に日常が変わり、行動も変わり、成長度合いも変わり、成果が変わってきます。

いろいろと勉強して自己投資しても、なかなか変われない人にとっては最大、最高の方法と断言します。

あなたにちょっとでも「変わりたい」という願望があるのならば、ここはあと一歩の勇気です。本番プロデュースをしてみてください。


本番の定義をもう一度おさらいすると……

✓人前に出る
匿名ではダメ、顔出しする。
✓アウェイである
家族や友人だけしかいない場所ではダメ。
✓期日が決まっている

本番までに緊張した準備期間が必要なため、突然でなく未来に予定されたものが望ましい。

✓リアルな反応が目の前で起こる

ゆえにネットでの動画配信などは本番力要請には若干弱い。

しかし顔出しで反応があるなら小さな本番とする。

これらの要素を含んでいるものはなにか。本気で人生を変えると決めるなら身近なところからどんどん本番仕込みをしていってください。

とにかく「手をあげる人」になると決める

一番てっとり早い方法が、朝礼で発言する本番仕込みです。会社員の方なら明日にでもできます。

「えっ、そんな朝礼で意見なんて言ったことない」って？　なんともったいない。それは大きな機会損失です。ここはもうつべこべ言わずに、さっさと手をあげる人になるしかない。

今までこういうことが苦手だった人にとって、より一層おどろくほど人生への影響は大きいです。

失敗しても朝礼です。ちょっとスベったとかちょっと的外れとか、その程度のことにすぎません。朝礼でひるんでしまっていては、人前で話すことなんて、月に到着するくらいの彼方になってしまいます。


なので、とにかくやる。やるんです！

その準備としてまずは、期日を決めて他者にコミットする必要があります。

「課長、あしたの朝礼で◯◯の事例を発表させてください」というようにコミットしておくことで逃げ場がなくなります。そうしないと、「やっぱり今日はいいや」と勝手に自分で自分との約束をやぶってしまいかねないのです。

いつも元気に発言できる人からしたら朝礼は、小さな水たまりに足をつける程度のことかもしれませんが、滅多に発言したことのない人にとっては、大海原に飛び込むくらい勇気のいることなのです。緊張して当然です。でもがんばって！


さて、朝礼がスタートしました。

「今日の社訓を読んでくれる人！」

「はい！（あなた）」

これはできそうですか？

「今日なにかニュースありますか？」

「はい！（あなた）」

緊張しますか？


でも、一度目より二度目、二度目より三度目と回数をこなすことで、海が川になって池になってプールになっていきます。どんどん楽にできるようになるこの体感を持てば、「本番なんとかなるわ感」がじわりとやってきます。

そうやって慣れていくと、今度は朝礼だけでなく会議で意見を言えるようになり、会議でのプレゼンにも自信がついてきます。

そもそも手をあげるまでのネガティブな心の声は、「無視されたらどうしよう」「つまらないと思われたらどうしよう」「でしゃばりだと思われたらどうしよう」などのやはり受け身の言葉だらけだからです。

実際にやってみたら、みんな聞いてくれるし、ときに拍手ももらえるし、褒めてもらえたり、注目を浴びたりとネガティブな妄想とは真逆のことが起きて、なんだ怖くないんだと気づけます。そして、他のことにも自信がついてくるのです。

反論されることもあるでしょうが、それは人生を上手に生きぬいている人誰もが経験してきたことです。反論を「自分への課題」ととらえて心を強くする材料にしてください。

朝礼でも会議でもセミナー受講のときでも、とにかく「手をあげよう」と決めておくだけでさらなる効果を得ることができます。それはおのずと「ちゃんと質問できるように聞いておこう」という姿勢になることで、より深い理解が生まれるからです。

会議中なら眠くなったりせずに、ずっと集中できるようになります。聞いて学ぶというゴールが聞いて学んで発信するというゴールに変わることで熱心さが増し、態度がすごくよいという印象を与えることができます。好感をもってもらえて自分の知識も増えるという一石二鳥。

え？　会議の内容がつまらないって？

まあ、そんなこともありますよね。ここで大事なことは、自分の人生にとって有益な時間を過ごすことです。ここは熱心に聞くというトレーニングをしているつもりで演技してみてください。そしてその演技でさえ会議本番力だと意識してください。

えらい人から「どう思う?」といきなり聞かれたシーン

逆に本番意識が欠けていると、上司にいきなり「どう思う?」とふられたときにぼーっとして話を聞いてないことが多い。そんなときに、社長の「どう思う?」という矢が飛んでくるのです。「え〜、あの〜」ともじもじして固まってしまい、仕事のできない人という印象を与えてしまいます。

前のめりで会議に参加していると、いつもよりも確実に意見を言えるようになり、実際に評価があがります。

会議を本番だと思っているだけでこんなに差がでるのですが、これが給与とか昇進に関わってくるかもしれないとなると、他人事ではありませんよね。

結婚式などのスピーチはお願いされないと出番はないわけで、自ら仕込むのは難しいと思います。そこで、ちょっとした飲み会を企画して幹事に立候補してみてください。

うちのセミナーの人たちのなかにも、幹事をやるようになってから人前で話せる段階までどんどん変化した人がいます。もちろんその人の努力があってこそですが、手をあげるようになるとやっぱりそこにスポットが当たるようになって、おのずと目立ってそれに対応できる自分ができあがっていくのです。

あっ、もしかしてここを読みながらまたネガティブな声が心から聞こえてきませんか（笑）。心の声のことは前述していますが、「え〜」と思わず尻込みしてしまったときは、必ずそこに戻って自分の心の声に意識を向けてください。

ついつい思ってしまうのはこんなことです。

「わたしが幹事をやっても誰も喜ばない」

「わたしだと盛り上がらない」

「みんなを誘導できない」

「わたしにはリーダーシップがない」

マイナスのレッテル貼りですよね。もし、こんな声が聞こえたまま放置すると前に進めなくなります。これを克服する方法は、
唯一〝やってみる〟しかありません。


今、なんでもうまくこなしている人にも勇気ある一回目があったのです。そして、だんだん慣れていったのです。本番を多くもつことがなによりも自分を変えることだとなんども言っていますが、ここでも尻込みせず手をあげる人になってください。

初アウェイ体験という本番を仕込む

これも身近なことからです。まず、一度行ってみたいけど敷居が高くて足を踏み入れることができなかった場所をリストアップします。ヘアサロン、ホテルのバー、高そうなイタリアン、ラグジュアリーブランドのお店、おしゃれな人が集うクラブ……。

こんな場所で堂々としている人ってあきらかに何かが違うと思いませんか？　裕福な家庭に育った子どもは明らかに場慣れしていて、堂々としているでしょ？　けど慣れてないと、どきどきして緊張して何を食べたかわからないほどになってしまう。

だから慣れておくのです。

これもれっきとした本番です。しかし、あまり高級な場所はお金がかかるのでそんなに慣れるまで通えないと思います。なので、まずはお金を払わなくてもいいアウェイを選びます。見るだけとか、覗いて見るだけとかでもいいお店など、とにかく一度入ってみるのです。

わたしもヘアサロン、スポーツジムなど知らない人しかいないところに一人でいくのは躊躇してしまうほうなのですが、こういうときは「えいやっ」と何か心に、不安の声が出てしまう前にドアを開けます。

そのドアの向こうには、ほんのわずかだけど違う自分が待っていて、「なんだできるじゃん」「あんがい怖くなかった」「もっと早く開ければよかった」と思いながら、笑顔で迎えてくれるのです。

普段はいかないオフ会に顔出しする

明日の夜、とある食事会があります。知らない人が多く、さらにすでに仲良くなっている人だらけのなかに、新参者で行くにはちょっと気が引けてしまいます。できれば家でぬくぬくとネットフリックスを見ながら、ビールでも飲んでいたい。

けれどわたしだってまだ人生修行の身です。ここで心の声に負けてひるんでしまったら、本番力が劣えるので、やはり、ひるみながらも行くわけです。

さて、ただおとなしく隅っこで微笑みながら、てきとうな相槌をうって「すごいですね〜」を連呼して、どっと疲れて帰ってくるなんていうのは、何ひとつ本番になっていません。

せっかく緊張するアウェイに行くのだから、ここは参加するのではなく、あくまでも本番意識をもって、能動的に「手をあげる人になる」ことが目的です。

おとなしく座っているのではなく、積極的に話しかけます。話しかけてもらうのを待つことだけはしません。受け身になると余計に緊張するからです。なんでもいいんです。「美味しいですね」とか、「そういう意見もあるのですね」とか、とにかく話しかける。自分主体で能動的に動くのです。

そんなわたしをみている人たちは、わたしがまさか人見知りとは信じてくれませんが、わたしはそんな夜の飲み会でも「本番」としてステージに立つような気持ちになって参戦しているのです。

もちろんそんなことを毎日していたら、疲れますすよね（笑）。なので毎日はしません。けれどこんなふうに何気ない日常において本番数を多くするように心がけています。

余談ですが、このような初のアウェイ体験は脳内で、「ひらめき」や「創造性」を生み出すと言われているアセチルコリンが分泌されるそうです。本番力を鍛えるだけでなく、創造性も一緒に手に入れてしまうことができるなんて、すごい効果だと思いませんか？

あえて、本番に挑む

人前での本番もありますが、試験や試合といった自分の力を試す機会という本番もあります。しかしこれは、内緒でやっているかぎり恥をかかない、内緒でやっているかぎり試験当日に逃げることもできるという、弱さが出やすいものでもあります。

だからこそ、ＳＮＳなどでコミットする、上司にコミットしておくなど、「内緒」という隠れ蓑を外してしまいます。試験や試合当日も「今から試験だから」とか「今日の試合観に来てね」など、あえて自分を追い込んでさらなる逃げ場をなくします。

そうすることでこれらのことが本番となります。

発表会を決めてしまう

ピアノやお芝居、ダンスなどの習い事をしていれば、発表会が用意されているので本番を持つことができます。しかしそうでない場合は自分で発表会を仕込むしかない。しかしここであなたが「カラオケ大会」を仕込もうとしたとしますよね？　その場合、あなたの歌が下手であればあるほどに本番力が発揮されます。その分何倍も勇気が必要だからです。もちろん歌が上手い人が企画してもいいのですが、なんだか自分のやりたいことを率先してやっているだけなので勇気がそんなに必要でもなく、第一恥をかくこともないのでそこまで本番力が発揮できないのです。

さて、そんな意味もあって、

「本番力を鍛えたいという人がいたのでどういう企画がいいですか？」と聞かれるとついつい、「なにか苦手なシーンはありますか？」と聞いてしまいます（笑）。荒療治ですが効果倍増だからです。

先日も聞かれたので苦手を聞いたら、「ええと運動全般とカラオケです」と返事が。


「じゃマラソン大会はどうですか？」

「それはきつそうですね」

「ええ、わたしも運動苦手だから気持ちわかります（笑）」

「ではどうしましょう」

「ボウリング得意ですか？」

「いや、苦手です」

「じゃ、それで！」

「それはちょっと苦痛すぎる」

「わかります、運動が苦手な人ってかなりトラウマありますし。じゃ、もうカラオケ大会しかない」

「消去法ですね……。わかりました。今の時代には珍しいくらい音痴ですが……」

「ならそれで！　ベスト！」


ということで、「カラオケ大会」を企画してもらうことにしました。

そこで一緒に考えた企画手順は以下です。

とっても歌が上手い友人を個人的に誘うような、「君の歌をみんなで聞いて盛り上がりたい！」的な誘いです。

まず、メンバーを集めます。

「たまには歌を歌って発散しませんか？　歌の上手い人もくるし、わたしのように救いようのない音痴も参加でストレス発散です。そして新しい人とぜひ交流してください。最近元気ないなあ……という友人も連れてきてください！」

というような声がけです。

ついでに幹事と司会をやります。日程候補を出し、場所を決めて予約します。

当日の段取りを考えます（自己紹介や順番など）。


次に、へたでも必死で本番に向けて練習します。できれば慣れない難しい曲を選曲しハードルをあえてあげます。

大まかにこんな流れでした。

このようなプランで迎えた本番。参加したのは5人くらいで、「なんでそんなへたなのに、カラオケ大会を実施するのか？」とみんな大笑い。そして歌が上手い人にとっては最高のステージとなりました。

そして企画した彼にとってはなんとも達成感が残る出来事になりました。

人生初の「企画、幹事、司会」です。当然この結果、彼が得たものは率先してやるという経験です、そして、こんなことで本番力が鍛えられていくのです。

「楽しかった、またやって」と、そのカラオケ大会でみんなに言われた彼は、自分が主催することに自信をもてるようになり、今では何百人ものイベントを企画し、司会として人前で話せる人になっています。

「声がけ」でも本番仕込み

もともと引っ込み思案のわたしは知らない人に声をかけるのが苦手でした。けれどなぜか人に道を聞くときは躊躇なく声をかけることができるのです。

それは幼い頃から祖母に言われていた「聞くはいっときの恥、聞かぬは末代の恥」という言葉が心のなかでリフレインして、「ひろみ勇気を出すのだ」と背中を押してくれるからです。

しかし最近は道を聞くにしてもスマホのなかのグーグル先生が答えてくれるので、人に声をかける機会が激減してきました。わたしの場合は地図を読めないという難儀な欠点があるので、やはり未だに人に聞かざるをえないのですが、多くの「地図が読める派」の方にとっては、「本番力」を鍛える機会が減っているということなのです。ときにグーグル先生に頼らずに道行く人に声をかけてみる機会を数回持つだけでも、確実に「本番力」を鍛えることができます。

けれどこんなこともあります。

あるとき、「すみません。あのこのお店……」と声をかけようとしたら、言い切らないうちに、嫌そうな顔してなにも言わずにさ〜っと去ってしまった人がいたのです！

すごいショックでした。一気に受け身になったわたしは、「無視された、嫌われた」「きっとわたしって変な人にみえたんだ」と被害妄想炸裂です。

でも、ちょっと待てよと。わたしもしたことないかな？　と考えたら、「すみません、お祈りさせてください」と言われたときや「すみませ〜ん、ぼくそこでエステやっているんですが」と勧誘されたときはそそくさと逃げたわけで……。そんな人と思われたのかもしれないなと気づいたんです。

だから道を聞くときは第一声で、「すみません！　道がわからないのです」と目的をとにかく早く言うようにしています。

また、最初からハードルをあげて機嫌の悪そうな人や、早歩きしている人、好みのタイプ（恥ずかしい）などに声をかけるのは避けてください。

とにかく朗らかな方に聞くととってても親切に対応してくれるので、気分が上がります。そして、教えてもらったら必ず明るい笑顔で相手の顔をしっかりと見て「ありがとうございます！」と言うこと。

本番を多く持つためには知っている道でもあえて聞くといいです。で、笑顔でお礼を言うと相手もたいていの場合は、誰かの役に立てたことで気分がよくなるのでお互いハッピーです。

わたしはさらに自分の本番力を鍛えるために、また、誰かの役に立つために、白い杖の方や、地図をみている外国人の方にも声をかけています。

でも「あ、だいじょうぶです」と断られると、がっかりするのであえて声をかけてない人が案外多くないですか？　ここでも消極的な自分が遠慮してしまうのです。

でも、「いいです」と言われてなにも不都合ありませんよね。むしろ相手が困ってなくてよかったということです。

だから気にすることなく、「あ、よかった」で終わりです。でも声をかけたという事実だけは残るので、本番回数は増える。だから結果的にプラスと考えてください。

あるとき打ち合わせに向かう途中の神田駅のホームで、白い杖の女性がいたのです。やっぱり一瞬迷って、でも声をかけると決めているので、「なにかお手伝いしましょうか?」と聞いてみました。そしたら「西口から出たいのだけどどっちですか?」と。わたしはそのとき足元の黄色い点字には、西口や東口が書いてないことに初めて気がつきました。自分が当たり前につかっている駅の表示が見えないという不便にも。

そして肩をもってもらって西口の階段下までお連れしたのですが、「ありがとうございます」とすごくお礼を言われました。たくさんの人がいたのに誰一人声をかけてなかったので、なんだか自分がすごく誇らしく思えて嬉しい気持ちになったのです。

本番力を鍛えようと日々過ごしていると、誰かの役に立てて、自分に自信が持てるって、やっぱりすごいことなんです。

犬の散歩、お花屋さん、カフェでどんどん自分から笑顔で声をかけてください。これだけでかなり変化があります。

毎日がオーディション

こんなふうに**あえて本番を仕込むだけで、どんどん人格に変化が起きます**が、すぐに仕込むことができないような環境であれば、ちいさな本番を毎日仕込むことも可能です。

今日もあなたはあなたのステージで主役を演じています。

朝起きたら、本番の挨拶をしてください。笑顔でおはようと明るく言います。

近所の人にも同じように、本番の意識で挨拶です。会社の同僚にも上司にも明るく大きな声で挨拶します。コンビニのお兄さんにも駅員さんにも同じように本番の笑顔で挨拶です。

わたしたちには明日何が起こるかなんてわかりません。一期一会の世界で生きています。今日の出会いは一生に一回のものかもしれません。**だから毎日を本番として生きるのです。**そんな気持ちになるだけで、手をあげる勇気もドアを開ける勇気も出てきます。

今日の1日が人生というステージの本番なのです。

本番なんかこわくない！　自分を作る方法とは？

すべては「先取り」でいく。とにかく待ち合わせ場所、会議室などは一番にいくことで緊張度合いが低くなります。

想像してみてください。会議室に最後に入る自分を……。あとで入ってきたあなたを全員が見るかもしれません。上司が先に待っていた場合は、「まずい……」という心理になりそうです。

また先にいた人たちで雑談がスタートしていると、あとから入りにくいかもしれません。とにかく、こんな不利な状態にならないように、現地には先入りするのです。

会議室に一番に入って仕事をして待っていてもいいのです。あとからくる人に自分から「おつかれさまです！」と元気よく挨拶したらもう、その場を自分のホームにできていることになります。遅れていくとアウェイ。先にいくとホーム。こんなことだけで本番に備えることができるのです。

ということで挨拶も先手必勝です。ぜったいに受け身になって声をかけてもらうのを待たない。すべて自分からです。あくまでも自分の本番力を鍛えるためにやっているので、相手が上司でも部下でもどっちが先にするべきとかはどうでもいいのです。目を自分から合わせて、声をだして笑顔。これで先手を打てます。

この章の最初のほうで、「緊張をとる方法はのちほど……」と書きましたが、最後にそのことについて触れて締めたいと思います。緊張するっていいんだよと言いましたが、とはいえ、足ががたがた震えたり頭が真っ白になってしまえば本末転倒ですよね。

わたしも過去に緊張しすぎて手の震えがとまらなかったときがあります。それはまだ20代の頃に依頼された営業コンテストでのスピーチだったのですが、恥ずかしくて震えているのがばれないようにしようとすればするほど余計に手がぶるぶるとなって、そのときは何を話しているかわからなくなり、壇上を降りてから速攻で消えたくなりました。

というか自分の存在を抹殺したいくらいに凹んで、しばらくはトラウマになって「わたしは人前で話せない」というレッテルを自分に貼ってしまっていました。そしてそれから1年間くらいはスピーチから逃げていました。

ここまで緊張が度を越してやってくると、不安とか恐怖でなくなるということを身をもって体験しているのですが、できればこんな体験は避けたいですよね？
お恥ずかしい話、わたしはいまでも強烈なアウェイ環境で緊張が喉から溢れてきそうなときがあって、そんなときは以下のような方法でもってなんとか対応しております。そして、みなさん！　これかなり効果あります。

緊張をとるための「心の整え方」

なんであんなに手が震えたりしたのか？　もちろん、「ちゃんとしなきゃ」と思っていたには違いないのですが、極端にそう思うということはこの裏面の思いが強烈にあるからですよね。

表面「ちゃんとしなきゃ」
裏面「ちゃんとできないかもしれない」
表面「うまくできますように」

裏面　「失敗したらどうしよう」

けっこうネガティブな感情がざわついていますよね。そしてわたしたちはこの裏面の感情に行動のすべてを誘導されてしまっています。

そこでわたしは、あえていつも「この感情の裏面にはどんな感情がひそんでいるのだろう？」といったん自分を見つめるようにしています。

「ああ、失敗したらどうしよう」と思っているんだ！　と知ったところで、なにが変わるんだ？　と思う人もいるかもしれないけど、**得体の知れない自分の不安の根っこを知るだけで心は落ち着く**のです。なんの病気がわからないまま、咳き込んで苦しいよりも「インフルエンザだったのか」と知ることで、どんな薬を飲んでどんな治療をすればいいのかわかる。この「わかる」が落ち着きを運んでくるのです。

「わたしがこんなに緊張しているのは上手くやりたいから。実はその裏に失敗したくない感情がある。それって、恥をかきたくない、人からどう思われているかっていう自意識のせいだよね。けど、それ必要？　よく考えたら、失敗したらしたでいい経験になるし、今度からどうしたらいいかもわかる。上手くいっても失敗してもどっちでもわたしにとっては、得なことだらけなんだから……まあいいか」

と、なんとなくですが、こうやって心を分析して意識してみることで心を整えることができたら、ちょっと前向きになっているといえます。

緊張をとるための「前向きな質問」

わたしは普段から「（和田式）陽転思考」をやっており、心のなかでいつも「よかった探し」の質問をしています。心は質問されるとそれで頭がいっぱいになる傾向があるので、「陽転思考」は切り替えにはもってこいの方法で確実に心が骨太になっていきます。こうやってわたしは日々、心を強化してアウェイに向き合っているのです。

「なんでわたしは上手くできないのか？」

「上手くできなくてよかった。なぜならば改善点が見つかったから」

「では、その改善点を克服するにはどうしたらいいか？」

「こんなふうにして行動を変えてみよう」

←

わたしの心のなかでは、こんな会話が続いているあいだずっと起こっているのです。

そうやって自分を変えていっています。

緊張をとるための「視野のきりかえ」

人前で極度に緊張してしまう人にある共通点は、「圧倒的な受け身」です。そう、とにかく受け身なんです。
人を「見ている」のではなく人に「見られている」
人に「話している」のではなく「聞かれている」
人に「声をかける」のではなく「声をかけられる」

人を「褒める」のではなく人に「褒めてもらえる」

能動的な人とは対照的に、思考回路がすべて受け身になっています。だから怖いのです。受け身だから逃げ腰になってしまうのです。

わたしは講演前に「わたしの話を聞いた人は、みんな喜んで元気になって笑顔になって帰っていく。わたしは今日この会場にいる人たちのお役に立てる」という言葉を呪文のようにブツブツと唱えていたことがあるのです（笑）。能動的に自分の行動が相手にどんな影響を与えるかということに、意識をフォーカスすることで受け身から脱出できたのです。

『一対一でも、大勢でも人前であがらずに話す技法』（森下裕道・著　大和書房）の本のなかにも、「立ち位置を変える」ということが書かれています。つまりは「見られている」という立場から「見ている」という立場に変えていくのです。まさに受け身から能動的に変身です。
「ああ、みんなから見られている」ではなく、「あの人素敵な色の服を着ているな」「あの人、前にもきてくださっていたな」など見ている側になるわけです。

わたしは人間観察が好きなので、よく人を見てしまうのです。この前レストランで隣の席の男女のペアが向き合って座っていたのですが、会話が耳に入ってきてからどうしても気になってちらりちらりと「見て」しまいました。
なぜ気になったのかというと、どう見てもそれが初対面の会話で婚活センターでお見合いしたあとのお茶みたいなシーンだと思ったからです。

女性「お休みの日はなにをされているのですか?」
男性「僕は音楽が好きなのでもっぱらクラシックを聴いたりしているのですが、学生時代にうんぬんかんぬん」

女性「へ～すごいですね」
男性「それで……（自分語りはじまる）」

みたいな会話でまったく男性が女性に質問しない。これはダメだと思って、レジで割り勘でお金を払うところまでじっと見つめてしまいました。……と話が脱線してすみません！　そうわたしは普段からいつも誰かを「見ている側」になっているのです。だから緊張しなくなってきたわけです。

よく考えたら「見られている」と思う受け身の心理って、とっても自意識過剰ではありませんか？　そこであなたに、「思うほどあなたのことを見てないよっ」って言ってあげるので、安心して「見る側」になってください（笑）。

緊張をとるための「体感アプローチ」

わたしの会社ではプロのアナウンサーによる発声トレーニングや、プロの演出家による表現指導なども取り入れています。

そんなときレッスンでやってもらっているのがストレッチや体操などのトレーニングです。とにかく体を動かすことで緊張をとるというのはかなり効果があって定番だからです。


深呼吸で落ち着かせる。

体を前屈して折り曲げてぶらぶら～っとする。


また、体の4カ所に赤、青、緑、黄色の絵の具が置いてあるイメージをして体を動かしながらその色を混ぜていくというワークもします。そうやって筋肉の緊張を緩めてパフォーマンスが上がるようにするのです。

また発声トレーニングで腹式呼吸、長く息を吐く練習。二人組になって部屋の右側、左側の壁に距離を置いて立ち、声でボールを投げるように相手の名前を「……さ～

ん」と呼ぶなどのトレーニングを実施すると、かなり緊張もとれ声がすか～んと出るようになります。緊張したらストレッチと発声です。

このようなメンタルだけでなくフィジカルなアプローチを掛け合わせることで、緊張が確実にほぐれていくのです。

2章まとめ

● 本番の三つ+ひとつの条件

人前に出る(実名、あるいは顔出しをする)もの
アウェイであるもの
期日が決まってるもの
+
リアルな反応が目の前で起こるもの

● あなたの本番はここにある!

必ず手をあげる朝礼
自ら企画し、幹事に立候補する飲み会
初アウェイ体験
あえて参戦する苦手な食事会やオフ会
コミットした上で臨む試験やダイエット
苦手なこと etc.

本番力を身につけるには、あえて自分で本番をつくる必要がある

第３章

本番力を身につけるための日々の習慣

「本番をつくる」のは難しい!?

もう勝負は決まっています。〝「本番」を日常的にいかにつくれるか？〟

そして、その回数が多ければ多いほど人は圧倒的な成長を遂げることができます。

もちろん、発射台には個人差があるので、すべての人の結果は同じじゃないけれど、家のなかにひっこんで「ムリムリムリムリ」と言っている人よりは、確実に結果を残せる人生になります。１００％間違いありません。

その上、その「本番」は〝いつだって自分でつくり出せる〟ものなのです。

カレンダーを見る。

日程を決める。

準備をする。

正直、この段取りだけなんです。

けれど、「幹事を引き受けろとか、会議で発言しろとか、簡単に言うけど、それができれば苦労しないよ……」という声が聞こえてきそうです。

そうです、怖いんです。けれど今人前で堂々と話している人も、できれば人前で恥をかきたくないという思いが最初はあって、足がすくんだ時期もあるのです。

だからここは強制的な力を借りて、自分変革をしていくのが一番手っ取り早い荒療治となります。

コミットメントの力で、7キロ痩せた！

前述しましたが、わたしは自分のやっているセミナーで必ずといっていいほど、「目標をコミット」してもらいます。当然ながらこちらの期待としては、「売り上げ●●を達成します」「チームリーダーに昇進します」など仕事にからんだことなのですが、第1章でもふれたように、なかには「外見の魅力をアップさせるために10キロ痩せます！」というようなコミットをする人もいます。

そしてその結果、どうなると思いますか？

売り上げ達成、新人賞獲得、記録更新、そして10キロ減量して「誰？」と思うくらい別人となった人などなど、多くの達成者が現れます。理由はこのセミナー2ヶ月後にコミットしたことを結果発表をする本番のステージがあるからです。

いや、コミットを達成できない人もいるのだけど、その目標を追いかけてそこに近づくことができた自分に誇りを持てるようになっていることは、まさに「わたしは変わりたい」という願望を達成しているのです。

彼らはこのセミナーに参加する前から一位になりたい、昇進したい、痩せたいと思っていたはずです。もちろん業績の結果が伸びたのであれば、それはセミナーで学んだことが活かせたからですが、「痩せたい」はどうでしょうか？　わたしは別にダイエットセミナーをしてないのです（笑）。

なぜ、自分一人で「よし痩せよう」と思う場合と、人に「痩せます」とコミットする場合において、こうも結果に変化があるのでしょうか？　なんの効果？　って感じですよね。

コミットメントの効果

決意するよりも大きな成果につながる

実はセミナーなどでコミットすると、様々な心理作用が働いて結果的に自分一人で決意するよりも大きな成果につながることがわかっています。

たとえば、あなたが人前でコミットした場合、どんな心理が働きますか？

「あんな大きなことを言ったからには恥をかきたくない」

こんな声が聞こえてきそうです。もちろん、「人と約束したのだから守りたい」とか、「みんなとの競争に勝ちたい」などの声だってあるでしょう。

しかしそれらも根っこを見れば、「人からどう思われるか？」が基準にあるのです。

これが大きな強制力となって行動に圧倒的に影響しているのです。

他人の目によって、「約束を守る人」でありたいという願望と「嘘つきになって恥をかきたくない」という不安感情のふたつが生まれるのです。
このふたつが人の行動に影響して、より達成しやすくさせるのです。

「どんな自分でありたいか?」という一貫性の法則

まず、人前でコミットすると、「約束をきちんと守る」人でありたい願望が生まれます。それは人が**一度決定したりコミットしたりすると、自分の内側からも外側からもコミットしたことと一貫した行動をとりたくなる**からです。つまり、自分の決断やコミットが「いかに正しいか」を証明できるように動いてしまうと言われています。

起業したいと悩んで決断していない友人は、ずっと「だって失敗したらね」「安定しないと生活こわいし」「続けることができるかどうか」など、うだうだと不安ばかりを口にして行動をしなかったのに、いざ決断すると、「こうすればうまくいくよね」「安定ばかりもとめても繁栄ないよね」「できるかできないかより前にすすめだ」とやたら前向きな言動に変わりました。

営業時代のお客様も決断前は「お金がない」「時間がない」と言っていたのに、決断してしまうと、「お金はつくればいい」「今やらないほうがダメだ」と自分の決断を肯定する言葉に変化していきました。

このように人には一貫性の法則が働いてしまうのです。だからこそ、人前でコミットするといいのです。「やること」に対して肯定的な気持ちになれます。

ただし、いいことばかりではありません。一貫性の法則のせいで、一度言ってしまった呪縛から逃れられなくなることもあります。自分でも「この方向性は間違っているかも」と思うことがあっても、「いや、絶対にこうするんだ」と引くに引けなくなるのです。

こういう人を一般的には頑固者といいますが、一貫性の法則によって一度言ったことを守ろうとする心理現象とも言えます。その状態を自覚できれば頑固を直そうとするよりももっと簡単に楽になれるはずです。

「恥をかきたくない」という不安が燃料

心理学者のジュリー・ノレムは、難しい目標に向かうときに対応するふたつの側面を研究しています。それは「戦略的楽観主義」と「防衛的悲観主義」です。

「戦略的楽観主義」とは、もちろん文字通りの「こうなったらいいな〜」とわくわくした嬉しい気持ちを原動力とし、望む理想的な結果をイメージして行動すること。

反対に「防衛的悲観主義」とは、「こうなったらどうしよう」とびくびくした不安な気持ちを抱えて最悪の結果をイメージして行動することです。

わたしも普段はできるだけ意識的に「戦略的楽観主義」でいようと思っていますが、びくびくした不安をエネルギーにして行動することがときにあるのです。

ダイエットすると人前でコミットしたあなたの描くイメージは、痩せてかっこよくなったモテモテの自分か、失敗して「やっぱり無理だったね」と失笑されている自分のどちらでしょうか？　そしてどっちのイメージがより高いパフォーマンスを出すことができるのでしょうか？

先のジュリー・ノレム氏はこんなふうに言っています。
「防衛的非観主義者は不安が強いため、分析的な課題や言語的な課題や創造的課題への自信が低いが、パフォーマンスといった面では戦略的楽観主義者と同じである」

なぜ、ネガティブなイメージをしてもよい結果を得ることができるのか？　これってポジティブなイメージを持つと高いパフォーマンスを得られるという、一般的な概念から考えると不思議です。スポーツ界でも「優勝している自分の姿をイメージトレーニング」することが常識だからです。
しかし、実際には基本的にネガティブになりがちな人は、「こうなったらいいな」という思いよりも悪いイメージから引き起こされる「なんとかその危機を回避したい！」という思いのほうが強く行動に影響することがあるわけです。

ネガティブなイメージは100％悪いわけではなく、その最悪のイメージを避けたいという思いが強くあることによって、その本番（発表）までに相当の準備をするようになるのです。

不安があるからこそ、必死になれる

ということです。

このようにコミットすることによって本番をつくり、その本番に向かうとき、たとえ最悪のイメージがあがったとしても、「ああ、これがエネルギーなんだ」と思えばいいのです。本番の成功が見えてきている証拠です。

鏡を置きまくる

さて、コミットメントによって「本番」をつくるには条件があります。

✓自分で決めること
✓人前で公表すること
✓本番まで努力すること

コミットすることで「本番」により向き合い強くなれるわけですが、先ほど書いた3番めをみてください。

本番まで努力すること

これ、得意でしょうか？

多くの人が「それがなかなかできないのです」「ついついサボってしまう」というかもしれません。そうなると、三つの条件をクリアできないので、本番を決めてもそこから退散してしまうことになります。

それを避けるためにわたしがやっていることがあります。実はそれは神社参拝なのです。何を急にスピリチュアルな話を？　とびっくりしないでください。これ、ちゃんと理由があるのです。

むかし祖父に「一人でいるときだってお天道さまが見ているよ。がんばっているところもサボっているところも見ているんだよ」と言われたことがあり、その言葉がとても強烈にわたしの心に刺さりました。

大人になって営業を始めたときも、「誰も見ていないところでどれだけがんばれるか」が勝負だったこともあって、神社に参拝してそこでコミットするようになりました（笑）。

神様は見えない存在だし、いるかどうかもそれぞれの宗教観によるものですが、わたしとしては数字を達成するためには、どこにいても誰といても一人でいても、わたしを見張ってくれる存在にコミットすることが行動につながっていったのです。

何気なくやっていたことですがこれ、行動科学などの実験でも同じような結果が出ているのです！

行動科学者のカール・カルグレンの研究チームによるゴミのポイ捨て実験では、まず、参加者の半数に彼ら自身の映像を見せて、残りの半数には図形の映像を見せたそうです。そして心拍数をはかるといって計測用のジェルを彼らの手に塗って、拭き取るためにペーパータオルを渡して帰らせたそうです。

その結果、自分の映像を見た人でペーパータオルをポイ捨てしたのは24％で、見なかった人はなんと46％という約半数の人がポイ捨てしたという結果になったのです。つまり、**自分を見ている目があることが意識できるだけで行動が変わる**ということです。

これは部屋に鏡を置くだけでもかなりの効果があることが知られています。そういえば、親が見ているときしか、ゴミを拾わない子どもはたくさんいるようです。

誰かが監視してないといけないの？　そんなにわたしたちって弱いの？　と思いますが、本当に弱いです。そしてあちこちからの誘惑もたくさんあるのです。

本番に強くなりたいなら、わたしのように神社でコミットするのもよし、部屋に鏡を置く、自分の映像をたえず見るなど、ぜひやってみてください。

あなたの初期設定を変えてしまう

さっきは一貫性の法則の話をしましたが、交渉のプロ、いわゆる政治家の方の中には、相手と対面したとき、「誠実で公平な人だと聞いていています」など相手を褒めておいて、その言葉に対して相手が一貫性をとりたくなるように仕向けたりします。

相手は最初にそう言われてしまうので、より公平な人間であろうとしてしまうわけです。とにかくこんなふうに「行動が誘導」されるといわれることは、本番力を発揮するうえで利用するしかありません。

わたしの場合は「わたしが強運なんです」という一貫性を自分に押し付けています（笑）。こうすることでたとえ大きな失敗をしても「強運のわたしにこんなことが起きるなんて……。きっとわたしに原点回帰させるためだ。きっと大きな気づきがあってもっと運がよくなるのだ」というふうに〝強運〟という一貫性に基づいて思考が都合よく動いているのです。

これは絶妙にマイナスの効果もあって、「わたしは人と関わるのが苦手です」という一貫性があれば、会話がスムーズにできたときでも「これはまぐれだ。相手がいい人で合わせてくれただけだ。きっと相手も内心は迷惑しているのだろう」という方向に思考が動いてしまうのです。

コンビニのトイレなどに「いつもきれいに使っていただき、ありがとうございます」と書いてあれば、きれいに使ってくれる人と思われてる意識が働いて、やっぱりきれいに使おうと思う人が増えるのです。「きれいに使ってください」と書いてあるよりも、断然効果があるのです。

これは別名ラベリング効果ともいいますが、とにかくこれを自分にやっておくことで、よりパフォーマンスを上げることができるのです。

本番力に強くなるには、こんな一貫性をしてみてはどうでしょうか？

「わたしは人を観察するのが好きな人間です」

「わたしはよくみんなのまえでコミットします」

「締め切りがある仕事が好きです」

など、あえて口にして言い続けていると、人前に立った時に「観察したい」と思うようになり、いつのまにか見られる側から見る側に自然になれたり、飲み会などのざっくばらんな席でも「わたし、歌います！」「わたし、痩せます！」などコミットしてしまう体質になってきます。

もちろんコミットした後には「締め切りは……」と期限をつけることも忘れないように自分で自分を変えてしまうのです。それはまるで自分の初期設定が変わるような大きなことなのに、言えば言うほどそうなっていきます。ぜひ体験してみてください。

あなたの「本番ルーティン」をつくる

YouTubeで多くの人がアップしている「モーニングルーティン」が人気です。見ていて興味深いこともありますが、なによりもとにかく「朝は時間がない」ひとが多いので、決まった行動が身についているのです。「○○したら次は○○」という流れが決まっているので、さくさくと悩まず動けるからです。

ルーティンが決まっていない日はどうでしょうか？　たとえば旅行中や休みなど決まった行動をしなくてもいい日は、もっとのんびりしたり、ふと思いついたことをやったりしています。ときには流されてYouTubeなどを見てる間にあっという間に時間が過ぎたり……とこんな日があってもいいわけですが、行動が決まっているほうが「考える時間」がなく次の行動、次の行動と体が先に動きます。

もともと本番というステージはもちろん日常の朝ではないので、ルーティンはありません。けれど、さくさくと「本番づくり」に勤しむためには、「本番ルーティン」

が必要です。無駄に悩んで躊躇する時間がなくなるので、行動に勢いがつくからです！

本番ルーティンをつくってみよう

人前に立つと未だに緊張してしまうわたしがやっている本番ルーティンはこんな感じです。

企業様講演会のとき、現地についてお話しする時間があったら「レジュメに関係なくていいので、もっとこうなったらいいなと思われることはありますか？」と聞く。

ステージ脇で待っているときは、深呼吸して肩をまわす。深呼吸して肩をまわしながら心のなかで「今日会場に来てくださっている人は、わたしの話を聞いたら必ず元気になって笑顔で帰っていきます」と呪文を唱える。

演台の前に立ったら、前列の右側の人から順番に中央、左側と視線を広くして参加している人を見る。

視界を真ん中に戻したら、目があった人に笑いかける。

笑いかけたら、演台のマイクを持って「こんにちは和田裕美です」と挨拶する。

なんとなく次にすることが決まっているので、流れがとってもスムーズで話しやすくなるのです。


では、さっそく日常に「本番」をつくるために、あなたの「本番ルーティン」をぜひつくってください。


「玄関をでたら　↓　自分から声を出して挨拶する」

「歩きだしたら　↓　背筋を伸ばす」

「背筋を伸ばしたら↓　笑顔をつくる」

「笑顔をつくったら　↓　今日も最高だ！　という」

「会社についたら　↓　挨拶は先手必勝でする」

「会議があれば↓　一番先に会議室にいる」

「会議で質問ありませんかと言われたら↓　一番に手をあげる」

「人が集まる機会があれば↓　次回の集まりの幹事をかってでる」

「初対面の人がいたら↓　自分から話しかける」

「飲み会に参加したら↓　楽しむことを考える」

「食事に誘うときは↓（いい返事をもらうことでなく）声をかけるのが目的と思う」

など、何度もやっていると条件反射のように、自分のなかでそれが当たり前となり、最終的には人格が変わったといわんばかりに行動が変化してきます。もちろんこの行動で本番も増えるのでいうことなしです！


わたしが開催しているセミナーでは、受講生に4枚のカードを渡してそこに書かれている役を瞬時にやってもらうというワークをしています。そもそもこんなことを始めたのは、自分のなかにいろんなタイプの人間を意識的に取り込むことによって、どんな言葉遣い、態度、姿勢になるかを頭で理解してもらいたかったからです。

理解できると、そういう人と対面したときに、相手に影響されすぎなくなるのです。

えっ、どんなこと？　と思いますよね。これは実際に体験してもらわないとわかりづらいので、もうちょっと具体的に説明します。

まず「大物感」「弱腰」「軽薄」「天真爛漫」と書かれている4枚のカードを配布します。

それでペアになってもらい、最初は「自分」の普通モードで会話。わたしが「大物」と叫ぶと瞬時に「大物感」を出しながら話すのです。

それで4通りをやりながら、すぐにできない人にはアドバイスして、次はそのカードをめくってもらってわたしが「次！」と言うと、出てきたカードをみて演じるというものです。

これをすると、

✓いろんな人の態度を具体的にイメージできる
✓自分でやってみることでどんな動きをするのか頭で理解できる
✓動作を分析することで目線が変わるので極端に怖がったりイライラしなくなる

という利点がたくさんあるのです。

✓自分の表現能力が伸びる

なぜ真似をするだけでこんな効果があるのかというと、なによりものすごく相手を客観的に見るくせがつくからなんです。そうすれば話すときに、極度に緊張することも避けられます。

実はわたしもそんな人に遭遇すると怖かったり嫌な気分になってしまい、心が乱れて上手に話せなかったんです。

でもあるとき、「こんなにわたしをネガティブな気持ちにさせる態度とはどんなものなのか？　なんか嫌とかなんとなく苦手とか曖昧じゃなく、より具体的に言語化してみよう」と思い立ち、相手の動きを徹底観察したのです。

そして、後で自分でも真似をしてやってみる。この繰り返しをしていたら、だんだん、威圧的な人の態度が怖くなくなってきたのです。

「なんとなく怖いな」が、「わたしは、仰《の》け反って、腕を組んで、ときに足を広げて、ちっとも笑わない人が怖い」に変化したのです。

なぜ、これが怖いのか？　わたしに興味がなさそうで、もっというとわたしが好きでないと感じるからです。そこまで自分の感情を分析してしまえば、「だからなに？」となるのです。

そして、あまりに威圧的で態度が悪いと、次第に「こんな態度じゃみんなに嫌われているかもしれないな」と相手のことが心配になってくる段階へと感情は変化します。

そうなればもう「怖い」ではなく「心配だな」くらいに感情が変化しているので影響を受けなくなるのです。

さて、こんなワークをやった成果はいかに⁉　表現力が伸び、感情が乱れなくなり、さらには相手に影響されることもなくなっていくのです。

無意識の動作が脳とリンクしていく！

カードのワークをやり始めて、体験した方が３００人を超えるころになって、ふと気づいたのが、「なにげなくやっている動作をいったん演じてみることで、今度その動作を無意識にしてしまうときに気づきが起こるようになる」という発見でした。

人は「情動反応」によって、自分ではコントロールできない動きをしてしまうことがあります。それを自分でコントロールできるようになるということです。

このあたりコミュニケーションにおいてとっても重要なことなので、自著『人の心を動かす話し方』（廣済堂出版）という本にも書いています。同じことをしつこく繰り返して申し訳ないのですが、そのまま引用しますね。

――さて、苦手だなと思われないように細心の注意を払って「自分の空気」をつくっていきたいわけですが、そこに立ちはだかるものがあります。

それが「無意識に体が反応してしまう表現」です。

心臓がドキドキしたり、手のひらに汗をかいたりするといったことを「情動反応」と言いますが、無意識なのでなかなかコントロールができないわけです。

明るい笑顔で声をワントーン上げて、背筋を伸ばしてシワのない清潔なスーツを着て、「よし、第一印象の空気はばっちり」と自信満々で取引先に出向いたのに、相手がムスっとして顔を見てくれない。

ちょっと怖い、いや、すごく怖いですよね。

あなたはちょっとビビッて、とたんに汗が出る、言葉がたどたどしくなる。後ずさりしているなど、きれいなスーツ以外はもうさっきの自信満々の自分ではなくなってしまいます。

これこそが、「相手の空気を読んで影響を受けた」状態です。

このときあなたの空気は弱々しくて、自信のないものとなっています。

これでは人の心を動かすことなんてできません。

逆に言えば、この情動反応をコントロールできさえすれば、「空気をつくる」ことが自在になります。——

たとえば、あなたが人前で話すときにとっても緊張して、声がうわずって人の顔をまともに見れず、「うわ～失敗したらどうしよう」と思っているとします。

でも、こんな状態のとき、「わたしは今、声がうわずっており、相手の顔もまともに見れないありさまだ。おまけに心のなかでは『失敗したらどうしよう』などとマイナス感情がうごめいている、なんということか、わたしは緊張しているのだ！」

……なんていうふうに、まるで自分を第三者が見ているように解説して、言語化なんてできませんよね？　そもそも、こんなに冷静になれるなら情動反応が出てこまることもないのです！

と、いうことは？

そうなんです。いろいろなタイプを演じてみることとは、どういうことかというと、「ええ、弱腰の人ってどんな感じかな？　下向いて、相手をちゃんと見られてなくて、声がおどおどして小さくて、肩が小さくなっている感じかな」と動作を分析して理解できるようになることを意味しているのです！

つまり、

1　いったん考えて動作を分析
2　今まで無意識にやっていた「弱腰」フォルムを言語化
3　頭で理解して意識して動作に落とす

という工程が出来上がるのです。

これを繰り返し練習していると、あるとき情動反応がうっかり出て、前記と同じような動作になってしまったとき、はっとするんですよ。気づいちゃう。「あ、わたし今弱腰モードになってない？」って。

そうしたときはもう無意識が意識化にあがってきているので、自分で調整できるんです。

ようは、**無意識の動作を脳内で理解させたので、客観視できる自分が生まれたってことです。**

これ、偶然ですがなによりすごい効果でした。だって自分でコントロールできるんですよ。もう怖くないです、人前なんてへっちゃらです。

変な「ものまね癖」のおかげで……

わたしには人には言えない癖があったんです。いや、今ここで書いているので、すでに公になってしまっていますよね（笑）。

実はわたし、苦手な人が目の前にいると、その人の動作をしっかり観察して、「あとでものまねしてやろう」と内心思ってしまうんです。

なぜって、すごく横柄な態度をとられて、すごく残念な気持ちになったり、怒りの感情が出てくるだけでは、やられっぱなしで悔しいからです。

だからあとで「こんな人がいたの！」とうきうきしながら、その人を知らない人のまえでものまねした小芝居をして、披露するのです。

その人を知っている人のまえでやると強烈な悪口になって笑えないので、あくまでも「知らない人」が対象です。そうするとストレスが発散されて、おまけに、「あ〜いるいる、そんな人いるね〜」っとなって、なんかうけるんですよ。

そしてわたしも笑っているので、悔しい気持ち、イライラした気持ち、残念な気持ちなどが笑いになって昇華されていく感じがするのです。

こんなことをしているわたしは、よほど性格が悪いか変態なんだと思いますが、そうやって多くの人と対面してもそれをかわせるように、自分なりに努力したわけです。

その行動こそが、相手を観察して動作を言語化していることに繋がっていたんだということを、このカードのワークをやってから改めて知ったのです。

わたしがいくぶん人よりも自分をコントロールできるのは、この日々の変な癖のおかげだったのです。

ただ、繰り返しますが、このものまねはその人を知っている人のまえでやるのはNGです。それはお互いにとってマイナスしか生まないので、たとえば、会社の上司のことを奥さんが直接知らない場合は、その上司の人間関係にダイレクトな影響がないのでまあやってもいいかな……くらいの境界線をしっかり持つことが大事です。

背筋を伸ばすと勇気がわく

さて、「大物」のカードで演じているときほとんどの人が、背筋を伸ばして胸をはります。堂々としている態度になるわけです。話し方まで説得力が増すのです。なぜか？　と思っていたら、これにはいろいろな研究結果もでているみたいです。

ハーバード大学のエイミー・カディの実験によると、胸をはって堂々とした人、猫背に丸まった人それぞれにその姿勢を1分間維持したあとに模擬試験をした結果、堂々としていた人の結果が高く積極性のテストステロンというホルモンが分泌していたそうです。

また、心理学者ブリニョール博士の実験では、学生たちに「将来仕事をするにあたって、自分の良いところと悪いところを書き出してください」というアンケートを実施し、背筋を伸ばしてしゃきっとして書かせた場合と、背中を丸めて座ったかっこうで書かせた場合とで、その変化を比較したそうです。

その結果、背筋ピンチームは、猫背チームの学生よりも自分の書いたことに責任を持っていたそうなのです。

つまり背筋ピンチームは、書いたことにたいして「これはたしかにそうだ」となり、猫背チームは「たぶんそうかもしれない」となったわけです。このように**態度だけでも内面に影響があり結果も変わる**のです。

あなたがつくった本番に強くなるためには、いつも「大物」カードをきる心構えでいるとよいのです。ただしやりすぎは嫌われる原因になるので、態度は堂々と表情は温和というバランスを保ってください。

人前で話すときに極度に緊張してしまう人は、先ほどもお話ししたように〝相手に見られている〟という受け身な状態になりますが、堂々と話している人は、〝相手を見ている〟という真逆の立ち位置になります。

〝相手に見られている〟ということを考えて、とにかく緊張してしまう人の心のなかにはどんな声があるのか?

自分の過去を振り返って考えてみると、「うまく話せなかったらどうしよう」「かっこよく見られたい」「恥をかきたくない」「練習不足で自信ないな」「かしこく思われたい」「震えませんように」……こんなところでしょうか。

これって、主語がぜんぶ「わたし」なのです。相手に向かって話すのに自分のことで頭がいっぱいなのです。これこそが自意識過剰というものです。だからこそ、無駄に緊張してしまうのです。

ここで肝心なのは、どうやったら相手を見るという状況になれるかということ。いったん、自分のことを考えたくなる気持ちを脇に置いて、こんなふうに考えてみてください。

「今日はどんな人が来ているんだろう」
「あの人はどんなことを求めているのかな」

とにかく相手のことを考えるようにするのです。

あるいは、
「今日は赤い服の人は何人だろう」
「グレーのスーツの人は何人だろう」
「男女比はどれくらいかな?」

というふうに相手を見ながら考えてみます。そんなふうに考えてみるだけで意識の立ち位置が変わって緊張がとれていきます。

つまらなそうな態度が普通という世の中

会議中にプレゼンをする時、上司の前だとかなり緊張すると思います。こんなときできればみんなが聞き上手で、あなたを見てうなずいて「あーそれはいいな」など、よい反応をしてくれたらとっても喋りやすくなるでしょう。しかしそんな態度の上司がいったいどこにいるのか？　いたとしてもごくわずか、というかめったにいない。会議中あなたがプレゼンするとき、大抵の場合、上司はあなたが提出した企画書をペラペラペラペラペラとめくりながら、無表情でどう水増ししても、楽しそうとは言い難い態度をしています。

わたし自身も講演などで打ちのめされるときが、たくさんあります。目の前で寝ている、腕を組んで下を向いている、隣の人とこそこそ話す、いちいちスマホを触る……。

聞かないなら出ていって欲しい……と思うけれど、企業様の講演の場合、上司に言われていやいや勤務時間中に座っている人もいるので、相手だって出ていくわけにいかない。

そんな時は、その態度、もうちょっと思いやりはないものか？　とわたしだって思ってしまいますが、よく考えたらわたしだって人のことが言えた立場じゃありません。人の話を聞きながら、こっくりこっくりと船を漕いだことがないとは言えないからです。

けれどそんな時って相手の話がどうとかでなく、本当に眠かっただけなんです。思いやりを持ちたくても睡魔に負けたのです。


わたしの友人で著名人であるKさんの話ですが、実は、一緒にある方の講演にいった時に、「わたし、じっと座っているとなるから、たぶん寝る」と言っており、本当にご招待席の目立つところで寝始めたのです。途中で急に起きてしばらく聞いているのですが、また数分後に寝る。寝不足ではないらしくそういう体質らしいです。どんな偉い人の面白い講演会でも、どんなお芝居でもそうなるのです。

人はそんなものなのです。つまらなそうなのも普通、寝る人がいるのも普通。みんなそんな経験を繰り返し何度か心が折れて、強くなるのです。

反応などまったく期待をしなくていい

あるとき大学の教授をやっている人に、「大学生って話を聞かないとか、スマホを見ていたりとか寝る子とかいるときがあるかと思いますが、わたしだったら心折れそうです。先生、平気そうでうらやましいです」と言ったら、「僕は生徒が寝ているけど平気だよ」と。

「強いですね」

「いや、だって期待していないから」

「期待?」

「うん、笑顔でうなずいてくれるとか。そんなことまったく期待していないの」

「へ〜」

「疲れないというか、がっかりしない（笑）」

それを聞いた時思ったんですよね。日々のなかで相手にいろんな期待をしていることを。

「うなずいて欲しい」

「おいしそうに食べて欲しい」

「楽しかったと言って欲しい」

「ありがとうと言って欲しい」

「すごい！　と驚いて欲しい」

「笑って欲しい」などなど。

ご飯を作って子どもが美味しそうに食べてくれなかったら、「なんで、お母さん。

一所懸命に作ったのよ！」と怒って子どもにあたったり、「きっとわたしの料理がまずいんだ」と自分を否定したりして凹んだりします。だから期待をしないで「ま、いいか」となっておけば、怒ったり凹んだりすることが少なくなってきます。

よく考えたらいちいち過度に反応するほうが、ちょっと普通じゃないのかもしれません。よく聞き方などをトレーニングしてきた人は、どこでも相手に思いやりをもって「うんうん」と反応できますし、うちのセミナー参加の人も練習をするので、それはできるようになりますが、普通はそんなトレーニングを受けてないわけですし、ましては家族や部下に気を遣うはずもない。

そんなわけで、相手の反応をいちいち期待して気にしていたら、心がいくつあっても折れて折れて粉々になって足りなくなってしまいます（笑）。

ネガティブな気持ちも少しばかりの緊張も、ある程度は自分のためになるということを先ほど話しましたが、極度の緊張やあまりにもネガティブなイメージが続きすぎると、どうやら、せっぱつまったときに高いパフォーマンスを出す手助けをしてくれる「ノルアドレナリン」という脳内物質がどば〜っと大量に出すぎてしまうそうなんです。

そうなると話は別。筋肉が緊張してこわばって足がすくみ震えがやってきたり、「なんかもうだめ」と頭が真っ白になるという状態に陥りやすいのです。これだけは避けたい。

そこで「やばい、わたしそうなりそう……」と心配な人はより具体的にイメージしてください。

実はわたしがいた会社でもセールスの世界でも、成功したイメージを使って成果を挙げる方法を使っていました。「成功の実例を語り合おう」というものです。

「わたしが出会ったAさんは、××で働く女性で出会ったのは○○のイベント会場の入り口入ってすぐ右側にあるブースです。そのときAさんは大きな黒いボストンバッグを抱えていらっしゃいました。

わたしが『重そうですね』と聞くと『はい、ダンスを習っていて着替えとか』とおっしゃいました。そこからの話題がきっかけでどんどん会話がすすんで、夢の話になったんです……ということで、打ち解けてご契約になりました」という感じで、成功体験を聞いている人までもがその情景を映像のようにイメージできるように、具体的に伝えるというトレーニングを毎日朝礼でやっていたのです。

このように具体的に話すとき、情景を思い起こしながらイメージするわけですが、これをすることによって自分自身を第三者としてモニタリングしているので、より体験が意識化、言語化され自分のなかに明確に残っていきます。

なんとなくできたことがどうやったらできるかに変わるのです。これ、認知心理学では、「メタ認知」（メタとは俯瞰《ふかん》するという意味です）と言われています。

また、この「成功の実例」を聞いている人たちの脳内では実は面白い働きが起こるんです。脳の記憶って「実際に体験したこと」と「イメージ体験したこと」を区別できなくなるって話を聞いたことありませんか？

具体的な話を聞いていると、それをやっぱりイメージしてしまうので、まるで自分の体験のような感覚になるのです。

そしてよいイメージができ、聞いている人もよい結果に導くことができる。つまり成功の実例を語り合うことってまさに一石二鳥なのです。

人から成功体験を聞くこともプラスになるし、そもそも自分で成功体験をイメージしてしまえば、もっと手っ取り早いです。

シミュレーションは一回じゃない

人前で話すときにわたしがやっているイメージは、以下のような流れです。

壇上の前に立つ、温かい拍手

←

右側の人、左側の人、中央の人と

←

順番に視線をもっていく

←

目が合うと笑顔で見てくれる人たち

←

余裕で笑顔になるわたし

←

そして堂々と「こんにちは」

このようなシミュレーションは最低でも10回以上してください。脳内で何度もイメージするのです。

もちろん脳内だけでなく実際に練習もしてください。そのほうがさらに自信がつきます。これを「ロールプレイング」つまりは「ロープレ」と言います。

わたしも新人営業の時は鏡の前で何度も自分のプレゼンテーションを練習しました。先輩には「なにも見ないで空で話せるようになるまで練習」と言われていたので、1日に30回はやっていたと思います。正直、何度も同じことをするのは飽きるしめんどうくさいんです。それでもやる。すべては自分の本番のため、つまりは人生のためなのです。

役者さんもセリフは丸暗記から

先にわたしがセミナーで使う表現力や、それを身につける方法を学ぶために実際とある劇団に潜入したことを書きましたが、そこの練習ではいつもいろいろな台本を渡されセリフを覚えないといけませんでした。レッスンがはじまって最初の頃は自分の普段の講演などはアドリブだらけでやっているから、ニュアンスが合っていたらいいのかなと思っていたら、「そんなのだめだ。最初は一語一句間違えないで。丸暗記だ」と怒られてしまいました。

言われてみればそうなのですが、わたしはこの一語一句というのがすごく苦手。そこで役者さんにどうやってあんなに長いセリフを暗記しているのか尋ねると、

「なにをやっているときもずっとブツブツ言っている」

「相手のセリフを録音して、自分のセリフ部分を空白にしたものを歩きながらでもずっと聞いてぶつぶつやっている」

「とにかく、何度も歌って覚えて歌みたいに考えなくても口から出てくるまで話す」

など、劇団員さんが数え切れないほどの繰り返し練習をしていることがわかりました。

「そうか、わたしも神社好きがこうじて、大祓祝詞や般若心経を丸暗記して、毎朝唱えるようになったんだ。そして何度も唱えるうちにもう他のことを考えていても、口

だけ勝手に動くようになったんだ‼」と自分なりに納得。

そしてわたしも歩きながらぶつぶつ言うなど、どんな時間も練習に使うことで苦手な丸暗記を克服できたのです。

まとめると、

1　ポジティブなイメージをする
2　ポジティブなイメージを語る
3　シミュレーションを練習（ロープレ）する

という基本をやれば、本番にさらに強くなれるということです。

元気の出る声をかけてる？

以前うちのオフィスで、「はぁ～」と疲れた声のため息ばかりついている人がいたんです。
ため息はつく側にとっては、息を長く吐くことで自律神経によいとされているのでそれはそれで体によいと最初は思っていたのです。しかし、その「はぁ～」とか「あ～あ」などを目の前で日に何十回と聞かされる他の人は、それが苦痛になり気分が悪くなってしまったのです。そこで「ため息はひとりでやりましょう」と注意しました。その後はようやく落ち着いたのですが、そのネガティブな気配はすぐには消えませんでした。

では本番のときはどんな「声」がいいのか？　スタッフのなかには一人で「よしっ」と掛け声をかけるのが癖の人もいます。これは本人が自分にはっぱをかけるためにやっているのですが、本番にも同じく効果があります（もちろん周囲も明るくなります）。

声に出すことで自然にやる気が出され本来持っている能力を発揮しやすくなるという実績が出ています。リヨン大学のラベラーが行った実験で、被験者に「ジャンプ」

と言わせて垂直跳びをさせたところ平均で6%高くなったという結果が出たそうです。

そこで、本番前に自分にかける掛け声を用意しましょう！　もちろん周囲を元気にさせるのでオフィスや日常でもどんどん使ってください。なんなら今言ってみてください。

「よしっ」
「やるぞっ」
「うんっ」
（最後にちいさな「っ」をつけてくださいね）

出だしの言い訳は理屈っぽい人に思われる

たとえば「はい、いきなりですが、○○さん乾杯をお願いします」と言われたときに、「いや、まさか自分が乾杯の音頭をさせられるとは思っていなかったので、まったく準備してないです。まあ、みなさん飲みたいと思うので、わたしの挨拶なんてどうでもいいかと思うのですが、まあ頼まれましたので仕方なく……ええとわたしは……」というような人がいたら、どう思いますか？

わたしは「そんなこと言ったら、場がだいなしだ」と文句を言いたくなります（笑）。「やらされた」「準備してない」という言い訳といきなりの「わたしなんか」という卑下発言が、場を盛り下げてしまうからです。

こんなときは、「ありがとうございます！　まさかご指名もらえるなんて光栄です。ではみなさん、○○を祝いましてかんぱ～い」と言ってこそ本番力発揮です。声をかけてもらえたら前向きにとるのです。

また、なにか一言つけてと言われたら、初対面なら簡単な自己紹介を加えた上で、会を主催された方への賛辞など、自分でなく他の人を褒めておくことをお勧めします。

自己紹介の挨拶の話を書きましたが、本番に弱い緊張しいの人の共通点が、名前を言うときにこころなしか弱々しいということです。

自分の名前だから忘れるはずもないし、今まで何度も口にしてきているから、間違う不安もないはずなのに、「こんにちは和田裕美です」と名前のところが、早口になったり声が聞き取りにくい人がいるのです。

そこで気づいたのですが、自信のなさって「名前を言う」ときに露呈するのです。

なぜって「名前」は自分だから、自信がないと自分の名前が堂々と言えないわけです。

名前を言うくらいでこけていたら、本番に弱くなるのは当たり前です。

なので名前を大きな声でハキハキと言う練習をしてください。まるで小学一年生の授業みたいなことを言っている気がしますがここが大事なんです。

「わたしは、和田裕美です」

（わたしは・わだ・ひろみです〈微笑み〉）。（・）は短い間の意味です。ちょっと間があるとより堂々とした声になります。

本番で失敗しても……

たくさん練習をして準備をしても、やっぱり「なんでもっとうまくできなかったんだろう」とくよくよ思うことがないわけではありません。ようは本番に失敗することはやっぱりゼロにはならないのです。だって挑戦を続けていってアウェイがあればそれは当然のことですよね。

自分なりに一所懸命に向き合って精一杯やった結果ならば、そのときは多分それ以上のことができなかったのです。「ああ、わたしの能力が足りてないんだ。だからもっと次はがんばろう」とあたらしい目標が生まれるだけです。

「あのときああしていたら」と考えるのではなく、「これからこうしよう」と考えてください。そして精一杯を増やしていくのです。そんなことを繰り返していろんな本番に強くなっていくのです。

「本番」から逃げない自分になるための石（意志）やります石

わたしが主催しているセミナーで「期限付きのコミットを公言してください」という課題を出していることは話しましたが、このコミットの言い方にもポイントがあります。よいコミットは、次のような言い切り型です。


「売り上げ年間1位になります！」

「年末までに10キロ痩せます！」

「今は3店舗ですが1年後に5店舗を達成します！」

「企画を通してプロジェクトリーダーになります」


逆に以下のようなコミットはとても弱いです。


「年間の1位を目指したいと思います」

「売り上げ3000万超えをやりたいと思います」

「○○で起業したいと思います」

「思います」と言ってしまう心理はなにか？　なぜ「やります」と言えないのか？　明確にやると言わないことで、本番を避けてしまう予防線の表現です。無意識に自分の使う言葉が弱気になっているのです。

「思います」はコミットではありません。

「あの、ちょっと待って。『思います』ではなくて『やります』に変えてください」

「はい、ええと、や、や、やります……」

「なんか言いにくそうですね（笑）」

「なかなかやりますって言えないです」

「そこに逃げ道を作ってしまうと強制力が弱くなってしまいますね。どうしたらいいでしょうか？」

「そうですね……やりますって言います！」

こうやって「思います」から「やります」に変えていくと、コミット達成率が圧倒的に変わっていきました。

もちろん、やりますと言ったところで100%できるとは限りません。でも覚悟が変われば行動も変わるので「やります」と言ったことで、あきらかに「思います」より自分を成長させることができたと、100%言うことができます。

3章まとめ

・コミットすることの効果とは、
本番力が身につく
一貫性の法則により、大きな成果が得られる
不安も燃料になる

・本番をつくるコミットの条件
1　自分で決める
2　人前で公表する
3　本番まで努力する▼自分を見ている目があることを意識することが大事

・「本番ルーティン」をつくれば、毎日が本番に
→人格が変わるほどに行動が変化！

・自分のことより相手のことを考えよう！

・コミットは「思います」ではなく「やります」で！

本番はいつだってつくり出せる

第4章

本番を成功させるための10の鉄則

本番力を身につけ、たくさんの本番に挑めば、人は大きく成長するということをここまでお話ししてきました。

この章では、身につけた本番力を「最大限に発揮するための事前準備」についてご紹介したいと思います。

01

自然体でやらない

「緊張せずに、いつもと同じようにやればいいんだよ」

講演活動をはじめたばかりの頃、そう言われて、大勢の人の前に立ったとき、「いつもとまったく違う状況で、いつもと同じようになんてできるはずがない」と実感しました。

わたしの足はがくがく震えていたし、頭の中は真っ白になってしまっていたのですから、どうしたって「自然体」にはなれません。

披露宴など大勢の人の前でスピーチするときも、普段友だちとおしゃべりしているのと同じように話せばいいとわかっているのです。

大事なプレゼンがあるときも、肩の力を抜いていつもの成果を出せばいいとわかっているのです。

でも、それができない。それがとても難しい。

普段、わたしたちが無意識にしている「歩く」という動作だってそうです。

普通に歩くことは誰でもできます。では、「普通であることを意識して」歩くことはできると思いますか？

たとえば、あなたが映画のエキストラの仕事を引き受けたとします。ただ一人で歩くだけのシーンです。セリフはありません。

本当に歩くだけです。「カメラで君を追いかけていくから、いつものように自然な感じで歩いてくれればいいよ」と監督は簡単に言います。

「はい、本番スタート！」

監督の掛け声とともに、周辺のカメラが横から後ろから前からと移動しながら、あなたを追いかけてきます。

どうですか？　わたしならものすごくぎこちなくなりそうです。そんなときに、いつも通り「普通に」歩くことなんてできません。

普通に歩くとはいえ、普通の状況ではないのですから。

初めての経験に、手の振り方、足の出し方、視線の置き方……意識すればするほど、ガチガチになってしまって、ロボットみたいな歩き方になってしまうかもしれません。

たとえば、憧れている人との初めてのデートで、普通に食事をしたり振舞ったりすることができますか？　初めて出勤した職場で同僚といつものように普通に接することができますか？　なかなか、難しいことですよね。

このように、普通でいるのも自然体でいるのも、普段意識していないからできることなのです。だから、「普通でいよう」と意識したとたん、普通でなくなってしまうわけです。

プロの役者さんというのは、常日頃から「普通のときの自分」を客観的に観察しながら訓練をしているからこそ、本番で「普通」を演じることができるのです。

わたしはもう、「自然体で」と言われても、それが無理だとわかっているので、「自然体でいよう」なんて思わなくなりました。

むしろ、普通ではない、〝いつもと違うわたし〟になればいいのです。

そもそもよく考えてみたら、引っ込み思案で人前で話すのが苦手なことがわたしの

「普通」なんですから違う自分になると思ったほうが理にかなっているわけです。早く気づけって感じですよね（笑）。

だからもし誰かに「自然体でいいよ」と言われて余計に緊張してしまいそうになったら、「今日のわたしは普通じゃない。ハルク化するのだ、いざ変身！」くらいに思ったほうが肩の力が抜けて楽になれるのです。

そう思ってみると、なんだか不思議なのですが「普通」よりも声が元気で、「普通」よりも笑顔で、「普通」よりも堂々としている自分になれたりします。

決して自然体ではない。いつもの自分でない。それが人前に立つときのわたしです。

まとめ

「普段の自分」ではなく「本番の自分」に変えて、あえて普段どおりにやらない

02 「アガっている」ではなく「アゲている」と考える

「和田さん、わたしは人前に立つと足が震えて、かーっとなってしまうんですよ。わたしってアガリ症なんです。これ直りますか?」

「どんなふうにアガるのですか?」

「もう、頭の中が真っ白になってしまうんです」

「わかります。そんなときは深呼吸したり、笑顔を5秒キープするとか、〝見られている〟という受け身の態勢をやめるとかいろいろ方法はあるのだけど……まあ、率直にいうと『アガる』ことは別に直さなくてもいいんです」

「えっ? 直さなくてもいいって……。だって和田さんは堂々としていてアガることがないから、そう言えるんですよ」

「いやいや、実はひどくアガってて本当に心臓の音が喉の下くらいで、ドキンドキンしているときがあるんです。けれどそういうときって『ああ、アガっている……』と思うと、余計に緊張したり喋れなくなるので、見方を変えたんです」

「見方を?」

「はい。緊張すると冷静でいられなくなって『頭に血が上がる』感じがしますよね。そこから『アガる』って言うようになったとか。でも、これっていい言葉だなと思うようになって……」

「いい言葉?」

「『アガる』という言葉って『上がる』と一緒だなと。これって上昇という意味だし、アガるっていいことじゃないかと思うようになったんです。気分が高揚するってことも大事なことですもんね、なんだか単純なんだけど(笑)」

「なるほど、いいことなんですね」

「わたしは単純なので気の持ちようで変わるほうなんです。こう思ったからって、何がどうだって感じなんですけど、かーっとなって『ああ、アガッている、やばいな』と思うと余計にアガるけれど、緊張してしまっても『あ、上がってきた、よしいい感じ』と、こじつけでも思えると気分がよくなる。『アガって』しまったのではなくて、自分の意志で自分自身を『アゲている』と思い込めばいいんです」

「アゲているという思い込みに変える……。なんか、いいですね！」

「はい、そうしたらあまり焦らなくなったんです」


アガる原因は、体内でアドレナリンというホルモンが分泌されて、それが血圧を上げたり、脈拍を速くしたり、瞳孔を開かせたりするせいだそうです。

アドレナリンは、「闘争か逃走か（fight or flight）のホルモン」と呼ばれていて、動物が獲物を捕らえる、あるいは敵から身を守るときのために出るそうです。

もちろん、本番といっても生きるか死ぬかの瀬戸際ではありませんが、それでもドキドキしてアドレナリンが出ているわけだから、やる気が出ている瞬間なのです。

「アドレナリンを出して、もっとアゲてやるぞ」と思うくらいになっていいのです。

アガっていることをマイナスと捉えずにプラスだと捉えること。だって、アガっているという事実はひとつなのですから。それを受け入れたほうが、焦らないですみます。

陽転思考を身につけていたら自然にそう思えるようになります。

まとめ

アガったら、むしろ「もっとアゲてやる」と気分を高揚させる

03

コンプレックスがあってよかったと思う

もう随分前になってしまいましたが、わたしのデビュー作でもある『世界NO．2セールスウーマンの「売れる営業」に変わる本』（ダイヤモンド社）のなかにコンプレックスを武器にしたトップ営業マンのことを書かせていただきました。わたしが独立して間もない頃にコンサルティングに行った会社にいた男性です。ずっと事務職をしていて初めて営業職に配属されたばかりでした。

彼は風貌が寂しげでいつもよれよれのスーツを着ていて、さらに毛虫みたいな薄毛で、自分で「わたしのあだ名はケムンパスなんです」と言うくらいでした（ケムンパスは赤塚不二夫さんのマンガに出てくる毛虫のキャラクターです）。

考え方、話し方、歩き方、笑顔、服装など、彼を「売れる営業」に変えるためにやることは山のようにありました。

けれど、いいところまでいってもなかなか結果に繋がりませんでした。どうしたらいいか悩んでいたのですが、ある日答えが見つかったのです。

彼は何を変えてもどうしても外見が「ケムンパス」のままでした。だから、お客さんも彼の頼りなさそうな風貌から、なかなか彼を信用できなかったのです。だったら……とわたしは彼に「どうせなら、その風貌を武器にしましょう」と言いました。最初は戸惑っていた彼も、「それで結果が出るのなら、なんでもやります」と言い、その日から「改革」がはじまったのです。

わたしは彼に、「わたし、毛虫に似たおっさんですけど、中身は毛虫より賢いんですよ」と、会った瞬間から笑って明るく話すようにアドバイスをしたのです。お客さんは大笑いして、「いや、確かに似ています。本当ですね」とすぐに共感してくれました。そして、どんどん彼は人気者になって、やがてトップ営業マンになったのです。

自分の欠点をさらけだすことを決断した彼の勇気が、人の心をつかんだのだと思います。それに、わたしのような年下の上司が言うことを、素直に実行に移してくれた率直な一面が彼の一番の強みだったのです。

最近ではお笑い芸人のアインシュタインの稲田さんも自らの「ぶさいくキャラ」を前面に出したら女性に受けてブレイクしましたし、本物のアインシュタインも「弱点は、いずれキャラクターになる」と言っています。

あなたに弱点があるなら、それは本番力を輝かせるすごい武器になるのです。

まとめ

自分のコンプレックスを隠さずに、むしろ押し出すことで「つかみ」に使う

04

うまく話そうとしない

わたしのデビュー本のプロデュースをしてくれたOさんという人がいます。正直、野暮ったくて、眉毛が濃くて、唇が分厚くて、お世辞にもイケメンとは言えない人です（ごめんなさい！）。

そのうえ、彼には少し吃音があるのです。話すと、ときどき、言葉がつっかえて出てこなくなってしまいます。ドラマ「裸の大将放浪記」の山下清さんのような人なのです（ちなみに風貌も少し似ています）。

けれど、彼には伝えたいことがたくさんあるので、自分の吃音などまったく意に介さずどんどん話します。そして、彼が話し出すと、その場がなんだか和み、みんながほっとしてきます。だから、彼がどんな話し方をしようともまったく気にならないし、イライラもしないのです。

そしていつのまにか、彼はどんどん周りの人を引き込んでいくのです。和ませるのは彼の風貌にも要因があるとは思いますが、それ以上に彼には人を引き込む力があるとわたしは思っています。

もし自分に吃音があったら、相手にどう思われるか心配で言葉が出なくなってしまうかもしれません。けれど彼はまったく気にせず、堂々としています。人に頼まれて、講演もやってしまうのです。

どんなに堂々としても彼の吃音が直ったわけではありません。「ぼぼぼぼくは……」「あのあのあのあのですね……」と、いつもつっかえてしまう。それでも彼は一所懸命に話してくれます。

それはとってもかっこいい姿なのです。応援したくなるのです。

そうして、いつしか彼が吃音だということを聞いている人は気にしなくなります。

彼はこう言います。

「ぼぼぼぼくが、でで電話で話していると、もももものすごく一所懸命話してくれている、と相手の人がかかか勝手に受け取ってくれるみたいなんですよ。ははは。いいでしょう？　ぼぼぼくのアポとり成功率は、けけけ結構高いんです」

口先だけ達者な人より、言葉足らずでも一所懸命に話す人のほうが好感を持てる気がします。誠実さが伝わりやすいからだと思います。

上手く話せなくても、精一杯誠実に向かっていくことが本番力ではないかと思います（Oさんとは鬼塚忠さんという方で、書かれた小説が6本も映画化されている有名な作家でもあり、作家のエージェントとしても活躍されています。まさにすごい人なのです）。

まとめ

よどみなく話されたことよりも、一所懸命に個性を活かして話されたことのほうが心に届く

05 プレッシャーがあってよかったと思う

本番に弱いという人のほとんどが、「自分はプレッシャーに弱い」と考えているようです。

言い換えれば「わたしはプレッシャーに弱いから、本番も弱い」と言っていることになります。わたしも以前は自分に対して同じようなレッテルを貼っていました。

けれど、仕事がどんどん忙しくなって、もう「プレッシャーの雪崩」みたいに重圧がかかるようになってからは、「プレッシャーがあってよかった」と本気で思えるようになったのです。

たいていの場合は、お正月や連休など普通の人が休むときに原稿に向かうことになります。

なるべくSNSは見ないようにして（羨ましくなるから）、期限と向き合うわけですが、そんな差し迫ったプレッシャーの中でわたしは思います。

こういう重圧がなかったらわたしは踏ん張って何が何でも間に合わせようと必死にはなれないだろうな、と。

もちろん、世間の人が休んでいる間に仕事をするのは、なんだか空《むな》しい感じもしますが、自分に甘く、まだまだ未熟で不器用なわたしは、ある程度の重圧によってなかば強制的に人より多めに仕事をさせてもらうことは、本当にありがたいことなんだと思うのです。

何よりもわたしの人生の目的は、人を元気にすることであり、わたし自身が成長することなのだから、常にがんばっているのが好きなんです。

だからプレッシャーがあってよかったと思えるのです。

本番でもしプレッシャーを感じたら、それは相手が抱いてくれている自分への期待値です。さらなる力を発揮して、相手の期待に応えるチャンスです。

プレッシャーがなかったら楽だと考えるのは間違っています。プレッシャーがないというのは、期待されず、チャンスがないということを意味するのです。コミットしてなにかの本番に向かうときは必ずこんなプレッシャーがやってきます。そんなときは「なんて幸せなんだ！」とちょっとMになって喜んでください（笑）。

まとめ

プレッシャーがあるということは、周りから期待されているということ

06

本番までにやれることはやっておく

最近ではよく、スポーツ選手が試合前のインタビューで「プレッシャーを楽しんできます」というようなことを言っています。そんな選手は本当にプレッシャーを楽しんでいるのだと思います。

けれど、実際にはプレッシャーに苦しむ人のほうが多いですよね。

ビジネスの世界にもこのスポーツ選手と同じように「プレッシャーを楽しむ」と言う人がいます。そして一方では、「プレッシャーは辛い」と言う人もいます。条件が同じでも、一方でプレッシャーに苦しんでいる人がいて、一方でプレッシャーを楽しんでいる人がいるのです。

なぜだかわかりますか？

わたしが新人だった頃は、ノルマというプレッシャーに追われてとても苦しみました。

そんなとき、自分の心に耳を傾けてみたら、「できなかったらどうしよう」という不安の固まりがあることに気がつきました。

それから、わたしはこう思うようになりました。プレッシャーを苦しいと思う人は「できなかったらどうしよう」とマイナスに捉える人で、プレッシャーを楽しめる人は「自分を試すチャンスだ」とプラスに捉える人だ、と。

どちらがいいかは明白です。どうせなら楽しんだほうがいいに決まっています。

営業をやっていたとき、部下が「数字のプレッシャーがしんどくて、続ける自信がありません」と相談してきたことがよくありました。わたしはこの相談を受けるたびにいつも、「ねぇ、そのときこそ、あなたの真価が問われているんだよ」と答えていました。

プレッシャーというのはそもそもプレス（press＝圧する、押し付ける）という言葉から来ています。

こうイメージしてください。上から降りてきた機械があなたという果実を押しつぶすとき、そこから出る自分そのもの、つまり「エキス」は不安なのか、それとも自信なのか。

だから、プレッシャーに迫られたらとことんやってみるしかありません。失敗しようが成功しようが、それがとことんやってみた結果であるのならそれでいいじゃないですか。

とにかく本番までにできることをやっておくのです。自分のことは自分が一番よく知っています。自分には嘘をつけません。「あれをやっていなかった」とか、「やろうと思っていたのに先延ばしした」とか、あるいは「ついサボって昨日は寝てしまった」など……。

自分を責める要素があればあるほど、自信を持てなくなり、悪いほうに転がっていくのです。

ちゃんとやることをやったという自信のもとで受けるプレッシャーから生まれるのは、「努力の果実」から生まれたエキスなのです。努力の果汁の割合が高ければ高いほど、このエキスはおいしいものになるはず。

やれることをきちんとやったら、あとは野となれ山となれ。そう思えば、うまくいくのです。本当になんとかなるのです。

まとめ

本番に向けての準備が万全にできていれば、むしろプレッシャーが味方に

07

結果主義者になる

ある有名企業のトップの方と4時間もの対談をさせていただいたことがあります。その最後に彼からこんな言葉をかけられました。

「今日、和田さんと話していて、なぜ、和田さんが営業で結果が出せたのか、講演などのリピートが多いのかわかったような気がします」

「えっ、なんででしょうか?」

「和田さんってね、いい意味での結果主義者なんですよ」

「えぇ!?　結果主義者!　どうしてですか?」

わたしは普段から「結果が大事なんじゃない。そこまでにたどり着いたプロセスのほうが大事」と言い切ってきたので、どうして彼がわたしのことをそんなふうに見るのかわかりませんでした。

彼は、こう続けました。

「たとえば、アメリカのお母さんとかね、自分が一所懸命に作った料理を子どもが残しても平気で捨てることができるものなんです。相手が自分の料理を食べてどう思うかは関係ないんです。食べる人がハッピーかどうかじゃなく、『自分が一所懸命に作ったんだからそれでいいじゃないか』と思える。お母さんの仕事はそこで完結しているんです。でも、和田さん、あなたは違う。だって、そう思えないでしょう？」

「はい……」

「和田さんはね、きっと自己満足で終わることができない人。相手が喜んでくれたか？　心にちゃんと届いたか？　相手が成果を挙げられるか？　そういう結果を求めるでしょう。だから、僕は和田さんを『いい意味での結果主義者』と言ったんですよ」

「はい」

「和田さんの幸せの基準は、相手をどれだけ幸せにしたか。それだと思います。なんだか決めつけてしまって申し訳ないのだけど」

「いいえ、そうだと思います。わたし、結果主義者なんですね」

わたしはわがままだし、自分勝手だし、気分屋だし、どうしようもない人間です。けれど、こんなわたしの話を何度も聞きに来てくれる人がいるということは、もしかしたら彼がおっしゃるように、「幸せになってほしい」という思いが相手に届いているのかもしれないなと勝手に思いました。

本を買ってもらっただけで終わるのは嫌です。お金を出したぶんそこから何かを得てもらって、「買ってよかった」と思ってほしいです。また、話を聞いてもらっただけで終わるのは嫌です。それを今後少しでも取り入れてもらって、幸せの種を見つけてほしいと思っています。

人生でたった一回しかお会いしない人でも、せっかくのご縁でお時間をもらったのだから、何かの役に立ちたいと思うのです。

わたしは貪欲なのかもしれません。わたしのことをずっと覚えていてほしいとまでは思わないけれど、わたしが話した内容のほんの一部でもいいから、その人の人生をよくするきっかけになればと心から願っているのですから。

人前で話すとき、こう思うからこそ覚悟ができます。

話すことが目的ではないのです。それが未来へつながることが目的なのです。

その覚悟もわたしの本番力なのです。

ただし、前述したようにだからといって、「おいしかった」という相手の反応を期待はしないことです。相手のことを思う気持ちは結果主義でいいけれど、そこまでが自分の領域です。相手の反応は相手の領域なのであくまでも自分のエリアでとどまることが基本姿勢です。

まとめ

相手の人生に影響を与えるよう貪欲になる

08

感謝でスタートを切る

まさか、人前で話すときに相手を「打ち負かしてやろう」と思う人はいないと思いますが、ときどき、気合が入りすぎて「わたしの話で圧倒させてやろう」などと戦闘モードになってしまう人がいます。

弱気になって腰が引けてしまうよりもいいかと思いますが、あまりに鼻息が荒いと、強引で押しつけがましい話し方になってしまうので、聞いている人は居心地が悪くなってしまいます。

さらに、言い負かされたような気持ちになった相手は、無意識のうちにあなたに対して反感を持ちます。

これは決して勝負ではないのです。戦いではなく協力です。そこにいる人はパートナーです。その場の空気、すべてと共鳴してコラボレーションしていくべきなのです。

別に打ち負かそうと思っていなくても「この勝負で決めたい」という気合はあってもいいのではないかと思いますが、人のタイプによってはそれすら逆効果になってしまうことがあります。


知り合いと言うにはおこがましいのですが、わたしが尊敬する方でプロの雀士、つまりマージャンのプロで、「雀鬼」の異名を持つ方がいます。桜井章一さんです。なんと、この20年間負け知らずという天才で、『負けない技術』(講談社)という本をはじめ、多くの著書を書いていらっしゃいます。わたしは麻雀をしないので知らなかったのですが、なんと映画にもゲームになっている! まさに麻雀界のレジェントですよね。

今は76歳になっていらっしゃいますが、まだまだ現役のようです。

写真を見るとかなりの迫力なので実は怖かったんですが、お会いすると笑顔のすてきなとてもやさしい方でした。

この桜井さんのすごいところは、20年間も負け知らずなのに、勝とうと思ったことが一度もないということです。

負けていないのに勝とうとしたことがないってどういうことだろうと思ったわたしは、どうしても直接お聞きしたくて自分のラジオ番組のゲストに来ていただいたのでした。

「相手を打ち負かそうとしてはいけない。相手にどうやったら勝てるかとか、相手はどうやって勝負するのかを分析ばかりしていても勝てないんだよ。勝ち負けにこだわらないことが、勝つ秘訣なんだ」ということを桜井さんはおっしゃいました。

「勝ちたい」という気持ちはスポーツの試合や受験などの本番では有効だと思っていたのですが、確かに言われてみれば勝ち負けにこだわりすぎることは逆効果だと気づきました。

願望を持つことは大事だけれど、その反面、失敗を恐れる人や自信形成のできていない人は、その願望が叶わなかったことをイメージしてしまうからです。

勝ちたいという気持ちが大きくなればなるほど、人によっては「負けたくない」という気持ちや「負けたらどうしよう」という不安にとらわれてしまうのです。

では、人前で話すとき、どういう気持ちでスタートを切ればいいのでしょうか？

「あなたの時間をいただけて感謝しています」「今日お会いできて、光栄です」など、すべてを感謝からスタートしてみてください。表情や話し方が温和になり、いい空気をつくれるはずです。

まとめ

勝ち負けにこだわらないことが、勝つ秘訣

09

練習と準備で自信を得る

どれだけ練習して準備をしても本番で失敗してしまうことがあります。だからといってもちろん、「練習しても無駄」と言っている訳ではありません。

本番に強い人のほとんどは、日々その目標に向かって必死に練習をしたり、日々そのことに関わる努力を続けています。本番のために準備をしているのです。

だから、人前で話すことだけでなく、あらゆることについて、「ここまで練習したのだから悔いはない」と言えるくらいになってほしいのです。

本番前に、心から「きっと大丈夫」と思えるような、心の底からわき出るような自信を持つためにはこの方法しかないのです。ノウハウやメソッドだけをいくら読んでも、なんの役にも立ちません。

さらに強く自信を持つためにはどうしたらいいのでしょう?

それは、自分に嘘をつかないことです。人が見ていないときの自分を好きになって褒めたくなるかどうかが重要なのです。

だから、わたしは「成長し続ける人生を歩むためにはどのように生きたらいいですか?」と聞かれたら、「自分に嘘をつかないことです」と答えています。「成長し続けている人は、人が見ていないところで努力しているし、自分に嘘をつけないから、そういうところで手を抜くことができないのです」と。

そうやって得られた自信は、いつか大きな支えになってくれるときがきます。

わたしは、高校生のときにバレーボール部に入っていました。一日も休まず練習をして、いつかやってくるかもしれないチャンスを待っていました。そうしてようやくやってきた試合出場……けれどわたしは、そのたった一回のチャンスをバカみたいなミスでふいにしてしまいました。そしてまたもやベンチを温めるスコア係となったのです。

わたしが練習に費やした時間は無駄だったのでしょうか?

もちろんその当時のわたしは、「なんのために苦しい練習をやってきたんだろう」「これだけがんばっても全然うまくならないんだから、時間の無駄だなぁ」などと思ったりしたこともありました。でも、高校生という大切な時期をバレーボールに費やしたことは、無駄だったとは言えません。

今になって思うことは、あのとき、脚光を浴びることもなく、誰からも評価されることもなく辛い練習を続けられたということは、わたしの中で小さな自信となりました。

その小さな自信は、わたしの人生に大きな影響を与えています。その後の人生で何度か訪れた大事な岐路で、「諦めずに続ける」という決断や選択につながっているのです。

わたしが営業で結果が出せなかったときも、会社をリストラされたときも乗り越えることができたのは、「わたしは目立たなくても結果が出てなくても、しつこく続けることだけはできる」という信念を持っていたからだと思うのです。

まとめ

自分に嘘をつかず、人が見ていないところでこそ努力する

10 自分は運がいいと思い込む

実力はあるのに、いざというときに思いがけない失敗やトラブルに見舞われて、持っている力の半分も出せない人がいます。そんな人を見て「あぁ、あの人は運が悪かったよね」と周囲の人は言います。

そうかと思えば、ここぞという本番でいつも以上の実力を発揮してスポットライトを浴びる人もいます。そんな人を見て「あぁ、あの人には運が味方したね」と周囲の人は言うのです。

だったら、本番力を発揮するためには、時の運を味方にできたらいいなぁとわたしは思うのです。

そのためには、「運がいい人」になればいいのです。「えっ、運がよくなる方法なんであるの？」と思うかもしれませんが、方法はものすごく簡単なのです。

それは「**わたしは運がいい」と信じるだけでいい**のです。

「えっ、それだけ？」って？　そうなんです。もちろん、「運がいい」と信じるだけで、本番に強くなったり成功するとは言いません。けれど「わたしは運が悪い」と思っている人よりも「わたしは運がいい」と思っている人のほうが、確実に本番力は身につくのです。

なぜ、そう言えると思いますか？

たとえば、「わたし、自分の運がいいなんて思えないです。ずっと不幸続きだったんですから」と言う人がいます。

けれど、運がいいと判断する基準も、運が悪いと判断する基準も自分次第です。

他人と比較して、「あの人のほうがお金持ちだ、あの人のほうが有名だ、だからわたしは不幸なんだ」などと他人と自分の差を幸せか不幸せかを計る基準にしてしまえば、きりがないですよね？

しかも、比較された相手はあなたを見て、「あの人の家族はみんな健康だ、あの人は愛されている、だからわたしは不幸なんだ」などと思っているかもしれません。

運が悪いとか不幸だと思う人は、こうやって自分の持っていないことにばかり自分の意識をフォーカスしがちです。これでは、永遠に不幸です。いろんなものを手に入れても、まだ持っていない何かを探して、死ぬまで満たされることがないからです。


何を持っているからとか、今はどういう状況だからとかで、「運がいいかどうか」は決まりません。

二人の人がいてその人たちにまったく同じことが起こっても、一人はそれを「運が悪い」と思い、もう一人はそれを「運がいい」と捉えるのです。

それは人の思考パターンの癖であり、わたしの言葉に置き換えて言うと、陽転思考できる人かできない人かなのです。

たとえば通勤電車で、いつもなら座席に座れるのに、その日は座れなかったとします。このひとつの事実に対して「ああ、今日は朝からついてない……」と捉える人もいれば、「今日は立ったおかげで、いい運動になった」と思う人もいるのです。

前者はうんざりした気持ちで出社するでしょうし、後者はさわやかな気持ちで出社するのです。

この二人の一日はこうやってはじまります。うんざりしてスタートした人は仕事もはかどらないし、気分も晴れません。ワクワクしてスタートした人は、仕事もはかどるでしょうし、いい一日が過ごせるのです。

目の前で起こった事実はひとつ、けれど考え方はふたつ。その事実から「不幸の種」を探して運の悪い人になるのか、その事実から「幸せの種」を探して運のいい人になるのかは、すべて自分次第。自由な選択なのです。

どうせ同じことが目の前にあるのならば運のいい人になったほうがいい。明るいほうに切り替えたほうがいい。これがわたしがいつも伝えている陽転思考であり、運がいい人になる条件だと思っています。

運がよいと思えるようになると表情が明るくなります。フットワークが軽くなります。

「笑う門には福来たる」と言いますが、いつも笑っている人の周りには、人が集まってきます。人が集まればチャンスが多くなります。そうやってどんどん、運が循環していくのです。

そうなれば「自分はきっと大丈夫」と心の底から信じられるようになります。何があってもなんとかなると思えるようになります。その心が本番力そのものです。

本番に強い人は運がいいのです。

実際に、わたしは陽転思考で本番力を身につけたおかげで、とても運がよくなりました。

まとめ

陽転思考を使って、自分に運を引き込む

第5章

いざ本番で、本番力を発揮する9の鉄則

最後となる第5章では、身につけた本番力を「最大限に発揮するための秘訣」をご紹介したいと思います。

本番での成功体験は、本番に対する自信を生みます。そうすると本番から逃げたいという気持ちより、もっと本番に挑みたい、という気持ちが勝るようになります。それによって本番の数が増えれば、さらに本番力が身につくという、好循環に！　できるものからぜひ試してみてください。

01 最初の5分と最後の5分だけ集中する

本番に向けていろいろと準備をしながらも、「それでも、何から話していいのかわからない」と言う人がいます。

「まずは、挨拶からです」

「えっ、『こんにちは』からですか？」

「もちろん。当たり前じゃないですか（笑）」

「でも、その後は？　どうやって続けるんでしょうか？」

「え〜、『今日は天気がいいですね』とか？」

「えっ、そんなことでいいんですか？　世間話みたいですね」

「今日は雨だったから犬の散歩をサボってきてしまったとか、なんでもいいんですよ。ちょっと力を抜いたウォーミングアップみたいなものなんです」

「ウォーミングアップ？」

「はい、最初からアクセル全開で話しはじめるなんて無理でしょう？」

「たしかに、それは無理ですね」

「だから、『こんにちは』と言って力抜いて、『今日は飛行機でさっき空港に着いたんですけど、東京は雨だったのにこっちは晴れてて。着いたとたん気分がとてもよくなりました。皆さんともお会いできたし、なんだかとてもいい日になりそうです』とか言ってから、『で、本日は○○をテーマに話させていただきますが、そもそも、なぜわたしが今日ここに立って話をさせていただくかというと……』のようにテーマに繋げていったらいいんです」

「なるほど、意外と普通なんですね」

「はい、とっても普通です」

冒頭の5分間の導入で「ああ、だめだ」と自分で思ってしまうと、そこから挽回するのはかなり難しいことです。

だから、にこっと笑って、できるだけ無理のない会話から入ったほうがいいと思います。

そして、今度は終わり方です。

特別な場合でない限り、**制限時間ぴったりに「では、ありがとうございました」と話し終わるのが理想**です。

そのために、わたしは時計を見て、終わり数分になると「クロージングトーク」に入ります。

これは、いろいろなパターンを用意しておけばいいのですが、入り方は「そろそろ時間になったのですが、最後にこれを伝えて終わりたいと思います」とか「最後に今日の話をおさらいしますね」でもかまいません。

それだけです。

よく「なぜ、そんなに時間ぴったりに終えられるんですか？」と驚かれるんですが、終わりまで数分になったら、それまで話していた話が途中であっても切り上げてしまい、「……とまぁこの話もつきないのですが、そろそろ時間が……」と繋げればいいのです。
聞いている方が違和感を持つこともなく、きれいに終えることができます。
最初の5分と最後の5分だけを押さえれば大丈夫だと思えると、安心して話せます。
その安心感が、すべての流れをよくしてくれます。

まとめ

話は、最初と最後だけまとめれば、なんとかなる

02

他人の緊張は誰もわからない

講演活動をはじめて1年が過ぎようとしていたまだ新人の頃、大きなホールでの講演や有名人との対談などが続いて、緊張の度合いがピークに達したことがありました。

本当に演台の下では足がガクガクと震えていたのです。

きっとばれていただろうと思って講演が終わってから、

「すみません。足が震えてしまってうまく話せてなかったと思います」と言うと、お世辞かもしれませんが「えっ、ぜんぜん！　お話、感動でした！」と言われたのです。

自分が気にしているほど、相手はまったく気にしてないのです。

つまり、足ががくがくと震えていても、手がぶるぶると震えていても、「ああ、人にわかってしまうかな」と思うことで余計にひどくなってしまうので、「どうせ相手は気がつかないのだ」と震える膝を演台の下に隠しながら開き直ってしまえばいいのです。

たとえ顔が赤くなっても青くなっても、手のひらや脇の下にぐっしょりと汗をかいても、喉が渇き声がうわずって早口になっても、心臓がドキドキしても「まあいいか、どうせ相手にはばれない」と思ってニコッとするのです。

何度も言いますが、とにかく「開き直ってニコッと笑う」という方法をとってください。これでほぼ解決します。


日本人は西洋人とは違って世界で一番「自分がどう思われているかを気にする人種」です。自分がしゃべっているのに聞いていない人がいると、途端に気になってしまう。「ああ、わたしは相手にされてない」なんて思ってしまう。

第3章でも触れましたが、相手はただ眠いだけだとか、心配事があるとか、たまたま体調が悪いとか、人にはいろんな事情があるのです。

悪い方向に考えてしまうということは、謙虚である反面、マイナスの自意識過剰とも言えます。

だから、今日から「気にしない人」になってください。「いろんな事情があるだろうし、少なくともわたしのことが嫌いで寝ているのではないのだ」と受け取ってください。

実際にそうなのですから。

まとめ

他人は人のことに注意を払っていないもの。気にするだけ損

03 アドリブはタイミングである

「こんなこと言ったらバカだと思われないかな？」

「こんなこと言ってすべらないかな？」

「言い過ぎて反感を持たれないかな？」

こんなことを考えていては、言葉がなかなか出てこなくなってしまいます。

先ほど、マイナスの自意識過剰は捨てたほうがいいとアドバイスしておいて言うのもなんですが、わたしももともとは人一倍、相手にどう思われるかを気にしてしまう小心者です。

だからこんなふうに思ってしまい、言葉を詰まらせてしまうことが過去に多くあったのです。

けれど、今ではタイミングのいいアドリブをどんどん言えるようになりました。

まず、陽転思考を実践することで、物事の側面から「よかった」を探す習慣が身についたので、自分の口から出てくる言葉もだんだんと変化してきました。

相手のいいところを探す習慣ができて、瞬時に褒めることができるようになったり、物事のよい部分に目がいくので前向きな発言ができるようになったのです。

事実はひとつしかないけれど、考え方はふたつある。暗いほうを向いて生きるか、明るいほうを向いて生きるか、という二者択一を日々やっていると、決断が速くなってきたのです。


言葉は心から生まれるのです。だから、心を変えないと瞬間的にアドリブが出てこないのです。

「こんなこと言ってもすべらないかな？」と思っている瞬間にタイミングがずれてしまいます。笑ってもらえるところで笑いがとれなかったり、自分の言葉でなんとなく空気が冷めたりという洗礼を浴びることとは、誰もが通過する道です。これを怖がっていたら、前に進めません。
相手を思いやる心があって、そのうえで相手を幸せにしたいと思ってさえいれば大丈夫です。思い浮かんだことは瞬間に、勇気を持って躊躇せずに言うことです。

まとめ

思いついたら、タイミングを逃さずに言ってこそのアドリブ

04

サポーターを探す

話している内容は同じでも、目の前で聞いている相手が毎回違うのだから、場の雰囲気が違うのは当然です。

けれど、どんな人が会場にいて、どんなふうに聞いてくれるかは、本番までわかりません。人が入場していないリハーサルのときにはわからないのです。

だから、どんなに準備をしても練習をしても、本番はいつだって「予測不可能」なのです。

たとえば、「こんにちは」と挨拶して、すぐに「こんにちは」と返事があるととても話しやすい居心地のいいスタートがきれます。

けれど反対に、少しでも場の空気が暗かったりすると、ひるんでしまうことがあります。目を合わせない人、下を向いてやる気のなさそうな人、つまらなそうな人、よそ見をしている人などが目に入れば、受け入れてもらっていない感じがして、なかなか自分のペースにならないのです。

でも、そこでひるんだまま講演時間をやり過ごすわけにはいきません。わたしはプロだからどんな状況でも「堂々とした和田裕美」となって、いつも通りに元気を振りまかないといけません。


そんなとき、わたしは、**自分のサポーターを探します。**

それは、どんな人かというと、前方の席に座っていて、しっかりとわたしの目を見てくれている人です。好奇心とか意気込みとか、とにかく**「あなたの話を聞きたいです」という気配が見える人**です。

慣れていない会場で心細いとき、たった一人でもそんな人を見つけたら、「ああ、あの人はわたしを受け入れてくれている」と心の支えができます。そして、**舞台の上に自分の居場所を見つけることができる**のです。

ときどきわたしは、その人のほうを向いて、同意を求めるように話しかけます。「ね、そう思いますよね？」と。

わたしが、にこっと笑って声をかけると、わたしのサポーターになってくれたその人は、「そうですね」という態度で笑顔を返してくれます。

そのうちに、会場全体にその空気が伝染して、わたしとコミュニケーションをとってくれる人が増えていくのです。

そうなるともう、俄然、勇気が出てきます。言葉が自然に溢れてきます。たとえ、大勢の前で話していても、実際には一対一で話しているのです。

そう思えるから、人前で話すのが楽しくなってくるのです。

まとめ

全員に向かって話をするのではなく、目が合って話を聞いてくれそうな人に話しかける

05 話の組み立ては家を建てるイメージで

「人前で話すときには、何を準備したらいいのですか？」とよく聞かれます。

けれど、話す内容によって準備するものは異なります。

何かの研究発表であれば、データや写真など、研究成果を示すための資料などが必要になるでしょう。

新商品の発表などでプレゼンするときは、もちろん商品サンプルやデータなども必要です。

だから、自分の伝えたい内容に関する資料をすべてテーブルに載せてから、組み立て作業に入ります。

ここで、わたしはいつも「家を建てる」ようなイメージで組み立てるようにしています。

家を建てるときは、まずは土台です。その土台は「ここで一番伝えたいこと」となります。

次に、その土台に柱を立てます。話を組み立てるときの柱は一本で十分です。それは、自分や会社の「自己紹介」という柱です。話している人が誰なのか？　あるいは、どんな会社なのか？　そこがよくわからないと話を聞く気にさえなりません。まずは安心してもらうことです。

そういう意味で、柱はまさに「外堀を埋めるトーク」となります。

●わたしはこういう人間です
●わたしの会社はこのような歴史があります

これらの内容をまとめておきます。

さて、次に壁です。ここでは土台で決めた「伝えたいこと」をさらに具体的に表現します。

たとえば、土台が「商品のよさを伝える」であれば、「なぜこの商品が生まれたのか?」、言い換えれば「この商品はどんな問題を解決するのか?」や「この商品はどのような効果をもたらすのか?」になるのです。

次は天井です。これは先ほどの壁を実現する方法、具体的なプラン、数値などになります。

つまり、「どのようにして?」を言えばいいということになります。

●新しく発見された乳酸菌○○を組み入れたことで可能になりました
●今まで捨てられていた○○をリサイクル利用しているため、安価で提供することができました聞いている人に、「ああ、そうか」と納得してもらう部分が天井です。


そして、最後が屋根です。

屋根はクロージング、要するに締めのトークです。

ここでは「だから○○なのです」ともっていきます。「だから、この商品は画期的なのです」「だから、わたしはこれを強く勧めたいのです」などと最後を締めます。


これで家の完成です。

とは言ってもここに家具を入れたり、壁紙を貼ったりしたいですよね？

それが、さらにつっこんだエピソードだったり、相手が疑問に思いそうなことを説明する部分になったり、思い切り脱線したりする部分になっていくのです。

また、成功談や特に失敗談を盛り込むと、さらに相手を引きこむことができます。


つまり、以下の組み立てをもとに準備をしておけば、伝わりやすい話ができます。

1　わたしは何者か？
2　なぜ◯◯なのか？
3　どのように◯◯するのか？
4　だから◯◯です
5　疑問が出そうなことは何か？

まとめ

話の簡単な設計図を書いてみる

06

イメージを言葉にする

人前で話すときに、自分も相手も楽しくさせるひとつの方法は、**自分のイメージを具体的に相手に伝える**ことです。

たとえば、「夕焼けがきれいでした」とだけ言っても、相手には具体的なイメージが伝わりません。ビルの谷間に落ちる夕焼けなのか、海に沈む夕焼けなのか。

イメージできない言葉をずっと聞かされていると、たいていの人は疲れてきます。映画の90分なら平気ですが、人の話で90分となるとかなりむずかしいはずです。

「海がオレンジ色に染まっていて、大きく真っ赤に熟しきったトマトが海にじゅっと溶けていく感じ。ああ、もう本当に美しいんです。太陽って建物がないところだと、ぎりぎり沈むところまで見えるので、大きく見えるんですね、こんなに大きいんですよ（手で大きさを見せてジェスチャーも入れる）」と言ったほうが、映像がイメージしやすいですよね？

より具体的によりイメージできるように話す工夫をすれば、相手を飽きさせません。

けれど、要点やポイントだけを的確に伝えたいという人もいるだろうし、そこだけを聞きたいという人もいるでしょう。

それはそれでいいのです。本番力とは人と人との繋がりなので、要点だけをまとめたものを聞ければいいという相手なら、こちらも淡々と話せばいいだけです。

けれど、ワクワクするような話をしたいのなら、イメージしやすい表現は必須です。

たとえば、「お腹が痛くて救急車を呼びました」と言うのなら、どんなふうに表現したらもっと相手に伝わると思いますか？

どんなふうに痛い？　きりきりと？　ずしりと？　どうやって救急車を呼んだ？何時ごろ？　どんな格好で？　……いろいろな表現が可能になります。平面的な言葉が、立体的なイメージを伝えるのです。

そのためには、**文字だけで伝えようとしないで、自分が目にしている景色を伝える**

ような感覚で話すことです。そこには風も吹いているだろうし、雨も降るかもしれないし、匂いもあるはずです。そんなことをイメージしながら話すように意識していると、だんだんと描写が上手くなっていきます。

また、本を読んだり映画を観たりしたとき、その内容に心を動かされて誰かに伝えたいと思ったのに、言葉でうまく表現できずにはがゆい思いをしたことはありませんか?

たとえば、このように……。

「ええっと、その……なんかね、すごく感動できるんですよ!」

「ふーん、どんなふうに?」

「ええっと、ええっと、どんなふうと言われても……、今まで観たことのないような映像で……」

「どんな映像?」

「ぱーっと色が変わっていく感じ」

「うーん、よくわからないね」

感覚的に促えたものは右脳で処理されますが、それを言語にするためにはその情報を左脳へバトンタッチしないといけません。

でも、その連携を維持するには、普段から心がけていないと衰えてしまうそうです。右脳から左脳への繫がりがスムーズでなくなり、イメージを言葉でうまく表現できなくなってしまうのです。

そこで、イメージを伝えやすい言葉を使えるようになるために、「アウトプット」の習慣を持つことをお勧めします。

わたしは普段から、自分が読んだ本を仲のよい人にレビューしています。

●この本を選んだ理由
●この本に感動した理由
●具体的に感動した箇所

●発見したこと
●自分にどのように影響したか

これらを相手に話すのです。そうすると、自分が持っていたなんとなく漠然とした「思い」が、フレームのある新しい「言葉」となるのです。

また、わたしが営業をやっていたときは、結果を出した部下にみんなの前に出てもらって、「成功の実例」を話してもらっていました。

●どんな方法で
●どんな人に？
●状況はどうだったか？
●自分が感じたこと、学んだこと

これらを人前で話してもらうのです。

それがなかなかできない人には、わたしが、「お客さまはどんな方でしたか？」などと質問していきます。

質問されれば、自分の頭で考えますから、漠然としたイメージを言葉に置き換えられるようになるのです。

まとめ

平面的な言葉ではなく
立体的なイメージを伝える

07

自分と相手では言葉の定義が違うことを理解する

相手にわかりやすく伝えるために絶対に知っておいてほしいことがあります。それは、「自分と相手では、言葉の定義が違う」ということです。

たとえば、あなたが誰かに「好きなタイプはどんな人ですか?」と聞いたとします。相手は、「そうですね、やさしい人です」と答えました。

「やさしい」という言葉は誰でも知っているし、いちいち説明が必要な言葉ではないので、わたしたちは「そうだよね、やさしい人っていいよね」などと、理解しあったような気になってしまうものです。

しかし、もっと掘り下げて聞きます。「じゃ、そのやさしいって、どんなイメージですか?」と。

「一緒にいると癒されて、安心できて、いつもやさしい言葉をかけてくれる人です」と、相手は自分の考える「やさしさ」の定義を話してくれます。

けれど、それを聞いたあなたは、少し違和感を抱くかもしれません。なぜなら、あなたにとっての「やさしさ」は、「相手のためになるなら、厳しいことをどんどん指摘してくれる思いやり」で、相手とは少し違ったからです。

このように、同じ言葉を使っていても、その定義が違うと、その根本的な意味がきちんと伝わっていない場合があるのです。

だからこそ、本当に伝えたいことがある場合は、単純な言葉に頼りすぎないことです。もっと掘り下げて、たくさんの言葉で表現してください。

たとえば、先ほどの「やさしい」という定義ならば、

「わたしはやさしい人が好きです。この『やさしさ』はいろいろな捉え方があると思いますが、わたしにとってのやさしい人というのは、いつも励ましてくれて背中を押してくれる人なんです。そしてときどき、厳しいことをストレートに言ってくれる人

なんです。実は、わたしを育てた上司がそのような人で……」

というような話し方をしたほうが、より深く理解してもらえるし、誤解も生まれないのではないでしょうか。

さらに、より具体的に伝えるなら、「わたしが仕事でミスをして落ち込んでいたとき、さり気なくランチに誘ってくれて……」など細かいエピソードを添えるとよいでしょう。

まとめ

単純な言葉に頼りすぎない

08

相手はあなたの話を知らない

話すよりも聞くほうが、10倍頭を使うと言われています。

話す人は、当然ですが、すでに知っていることを話すわけなので、ついつい早口になったり、省略したり、専門用語を使ったりしてしまいます。

ただ、聞いている人にとっては、ほとんど初めての話です。だからこそ、自分の理解度に合わせずに、相手の理解度に合わせてわかりやすく話すことが大事なのです。

しかし、「なるほど、相手のペースに合わせるわけですね」と頭ではわかっていても、いざ本番で人前に立てば、そんなことは忘れてどんどん早口になってしまうことがよくあります。

特に、手元の資料を読みながらの場合は、相手にわかりやすく伝えるという目的を忘れてしまい、「とにかく、早く終わりたい」という感情が先行してしまい、相手を置き去りにしてしまうのです。

そうなれば、表情も硬く、抑揚もなく、早口で……となってしまうのです。それでは共感できるはずもありません。

とはいえ、焦って早口にまくし立ててしまいがちです。

そうならないために、**ときどき自分を客観的に見る習慣を身につけてください**。自分が焦っているとか緊張していると感じたら、すぐに自分に聞いてみることです。

「わたしは、早口になっていないか？」

とても、単純なことのようですが、こうやって確認するだけで、かなり防ぐことができるのです。「少し早口かな？」と気づくことが、なにより大事です。

気づいたら、あとは簡単です。切り替えて意識的にゆっくり話すだけです。

「……で、本当に感動したんです！　それでっ……（ここで早口と気づく）」

そうしたら、ひと呼吸置くなり、水を飲むなりすればいいのです。それは、決して不自然ではありません。むしろ、軽い演出のように思われるかもしれません。

その後、話すスピードを少し落とせばいいのです。車と同じです。急にブレーキを踏むのではなく、アクセルから足を離し減速するのです。

急にゆっくりした口調になると、聞いている人は「あれっ？」と思います。メリハリができたことで注意を引くことができるのです。

まとめ

早口に気づいたら、
急ブレーキではなく減速させる

09 自分だけの呪文をつくる

先にも伝えましたが、わたしには講演前にとなえる呪文（マントラ）がありました。「今日、わたしがお会いする人たちは、わたしの話を聞いて幸せになってくれます。落ち込んでいた人は元気になって、元気だった人はもっと元気になって、最後はみなさん笑顔になってくださいます。わたしにはそれができると信じています」

人が周りにいないときは小声でぶつぶつと10回、人が周りにいるときは心の中で10回唱えていました。傍にいる人はわたしが本番前に、そんな呪文をぶつぶつ唱えているとは思いもしないですよね。

ときどき唱えている最中に話しかけられると中断するので、もう一度最初から10回やり直します。

しかし、話しかけにくい空気を出しているのか、めったに唱えている最中に声をかけられることはありません（笑）。

なぜこんな呪文が必要なのか？

それは舞台に上がるまではどんな人が来ているのかまったく知らないことが多く、ついつい「聞いてもらえなかったらどうしよう」とか「無表情で反応のない人ばかりだったらやりにくいな」など、考えなくてもいいことで頭がいっぱいになってしまうからです。

そして、その不安に絡めとられてしまうと、ステージに立つのが怖くなり、はじまる前から腰が引けてしまうのです。

わたしは前述のマントラを唱えることで、その思考に支配されないようにしていました。そうすると、不思議なことに、たとえ無反応な人が目の前にいたとしても、「きっと、この人は帰る頃には笑顔になっているんだ」と信じることができるのです。ひるむことなく、本番に向かっていけるのです。

でも、最近はこのマントラを唱えなくても大丈夫になりました。何度も何度も唱えている間に、それはいつの間にかマントラではなくなり、事実のように信じ込めるようになったからです。だから、どんな状況でも、「きっとうまくいくから大丈夫」と、心から思えるようになったのです。

でも、そう思えるようになるまで、7年もかかりました。

また、すぐに呪文が出てこないときや、時間のないときは、**心の中でゆっくりと数字を1、2、3、4、5……と、1から10まで数えてみてください。**

これはイライラしているときでも使えるとても簡単な方法です。たったこれだけのことで精神的にかなり落ち着いてくるのです。

一度、だまされたと思って、ぜひやってみてください。

まとめ

何度も呪文を唱えるうちに、心から「うまくいく」と思えるようになる

終わりに

もともと当初の予定では、２０１１年に出版した『本番力〜本番に強い人が必ずやっている26の習慣』という本を新書にするということだったので、書き直すこともほぼない……ということでした。そう、楽な仕事のはずだったのです。

しかし、最近のわたしは以前に増してなぜか欲張りになっており、「もっと書き足したい、もっと良くしたい」という思いが収まらない。で、気がついたら原稿が３分の2も新しく入れ替わっており、このようにまったく新しい単行本として生まれ変わったのです。

いや……ごめんなさい。「気がついたら」なんていう言葉を使って、あたかも、降りてくる言葉を華麗な筆さばきでスラスラ書いたみたいに、自分をすごい人のように見せようとしている姑息な部分が出ておりますが（笑）、それ嘘です。

本当は、「書き直します！」と啖呵を切ったものの「何からどう書いたらいいものか？」と悩んでいる時間も多く、スラスラどころかヘトヘトになってしまい、途中で

「なんであんなことを言ってしまったのだろう」と思ったくらい追い込まれて苦しんで、まあ大変なことになったのです。

こういうのを「自分で自分の首を絞める」っていうんでしょうか？（笑）

しかし、今完成した原稿を読みながら、ふと気がついたのですが、わたしは知らないうちにコミットして、期限をつけて、行動するという本書で書いたことをまさに実践していたのです。

本番力を書きながら、本番力を鍛えてる……。なんと一石二鳥ではないか！ って。

そこで、わたしは今完成したゲラを抱きしめつつ、ああ、自分の首を絞めてよかったなあ……と心の底から思っているわけで、この本が本屋さんに並ぶ「本番」を楽しみにしているのです。

今、いろいろな不安があるかと思いますが、これこそが「ここぞというとき」ではないですか？

どうしようと指をくわえて傍観していても、あなたの世界は悪化するだけです。だからこそ、ここからがあなたの本番です。この波に飲まれないで生き抜くために、コミットして前のめりになって、あなたの人生の本番で成果を見せてください。自分を見くびってはいけません。本番に強くなったら、案外、想像よりももっと楽にこの転換期の大波に乗ることができます。

さていよいよあなたの本番スタートです。チャンスを掴んでください。

本書は、わたしのわがままをそのまま受け入れてくださったポプラ社の碇耕一さんとフリー編集者の熊本りかさん、また一発オッケーの素敵な表紙を作ってくださったデザイナーの鈴木大輔さんと仲條世菜さん、イラストレーターの早川世詩男さんなど多くの方の多大なご協力があってこそ完成しました。みなさん本当にありがとうございました。

和田裕美

和田裕美（わだ・ひろみ）

京都生まれ。作家・ビジネスコンサルタント、京都光華女子大学キャリア形成学科客員教授。

外資系教育会社に入社後、プレゼンしたお客様の98%から契約をもらうという「ファンづくり」の営業スタイルを構築し、日本でトップ、世界142カ国中2位の成績を納めた女性営業のカリスマ。2万人に一人の難関を突破し、女性初、最年少で支社長に就任。その後、同企業の日本撤退により独立。国内外を問わず研修・講演を展開しており、「和田式売れる営業に変わるセミナー」「カセギスキル」など即日満席になる超人気セミナーの講師としても活躍している。

『人生を好転させる「新・陽転思考」』など著書多数で、累計発行部数は220万部を超える。近年はNHK Eテレ「芸人先生」、関西テレビ「イチ推しカンパニー SP」への出演など、メディアの枠を超えた活動を展開中。

また自身初の絵本『ぼくはちいさくてしろい』は小学校の道徳の教科書に採用され、小学校で陽転思考の体験授業も開催している。

STAFF

デザイン　鈴木大輔・仲條世菜（ソウルデザイン）
イラスト　早川世詩男
編集協力　熊本りか

いざという時に結果を出す

本番力

2020年7月13日　第1刷発行

著　　者　和田裕美
発 行 者　千葉　均
編　　集　碇　耕一
発 行 所　株式会社ポプラ社
〒102-8519　東京都千代田区麹町4-2-6
Tel：03-5877-8109（営業）
　　 03-5877-8112（編集）
一般書事業局ホームページ　www.webasta.jp

印刷・製本・本文組版　中央精版印刷株式会社

N.D.C.914／231p／19cm　ISBN978-4-591-16633-8

P8008281